Bibliografische Information der Deutschen Nationalbibliothek:

Die Deutsche Nationalbibliothek verzeichnet diese Publikation in der Deutschen Nationalbibliografie; detaillierte bibliografische Daten sind im Internet über http://dnb.d-nb.de abrufbar.

Impressum:

Copyright © 2016 Studylab

Ein Imprint der GRIN Verlag, Open Publishing GmbH

Druck und Bindung: Books on Demand GmbH, Norderstedt, Germany

Coverbild: ei8htz

Thomas Laschyk

Gewaltdarstellungen in Dystopien und ihre moralischen Bewertungen

Von „1984" bis zu „The Hunger Games"

2015

Inhaltsverzeichnis

I. Die soziologische Debatte über die menschliche Gewalt

Einige Philosophen und Soziologen unserer Zeit beschäftigen sich vermehrt mit der Frage, ob Gewalt und Gewalttätigkeit noch zeitgemäß ist. Ob heutige Phänotypen von Krieg, Mord und Vergewaltigung lediglich Rudimente der primitiveren menschlichen Natur sind, welche sich auf dem Rückzug befinden, oder ob die Ausprägungen menschlicher Grausamkeit ein unauslöschlicher Teil der Menschheit bleibt und bleiben wird. Kürzlich veröffentlichte der Psychologe und Soziologe Steven Pinker "The Better Angels of Our Nature: A history of Violence and Humanity"[1] In diesem Bestseller kam er, gestützt von vielen Graphiken und Statstiken, zum Schluss, dass die Menscheit nach vielen Jahrtausenden der Gewalt beginnt, in einen "Langen Frieden" überzugehen. Pinker stellt fest, dass in den moderneren Teilen der Welt Krieg praktisch verschwunden sei, da die Verbreitung der Demokratie, der steigende Wohlstand und die Etablierung moderner Wertvorstellungen zur Veränderung zu einer friedlicheren und gewaltfreieren Welt beitragen. Zwar sei das letzte Jahrhundert besonders gewaltvoll wahrgenommen worden, insbesondere in Anbetracht der großen Zahlen an Todesopfern, jedoch entspringt dies lediglich einer subjektiven Wahrnehmung, da niemand die gewalttätigen Konflikte der vorangegangenen Jahrhunderte miterlebt habe, um diese adäquat vergleichen zu können. Auch sind die Opferzahlen im Vergleich zur explosionsartig angestiegenen Weltgesamtbevölkerung statistisch nachgewiesen geschrumpft. Insbesondere seit dem Zweiten Weltkrieg fällt die Anzahl der Toten in gewaltsamen Konflikten immer weiter. So ist Pinker und viele seiner Kollegen der Meinung, dass die Menschheit als Ganzes gewaltfreier und altruistischer wird. Auch Joshua L. Goldstein präsentiert eine ähnliche Dastellung in "Winning the War on War: The Decline of Armed Conflict Worldwide"[2] Im Jahr 1989 hat Francis Fukuyama auch bereits "Das Ende der Geschichte" verkündet – Das Verschwinden der großen, gewaltvollen Konflikte zwischen politischen Systemen.[3] Auch der bekannte Philosoph und Utilitarist Peter Singer beschreibt Altruismus als "an emerging movement", welches sich spätestens seit der Aufklärung immer stärker durchsetzt und

---

[1] Pinker. Steven. *The Better Angels of Our Nature: A history of Violence and Humanity.* London: Penguin Books, 2012.

[2] Goldstein, Joshua. *Winning the War on War: The Decline of Armed Conflict Worldwide.* New York: Plume, 2012.

[3] Vgl. Fukuyama, Francis. *The End of History and the Last Man* [1992]. New York: Free Press, 2006.

wodurch besonders Gewalt gegen Frauen, Kinder und nichtmenschliche Tiere zurück geht.[4] Kritiker wie John N. Gray halten dies jedoch für Wunschdenken.[5] In einem im Guardian erschienen Artikel argumentiert Gray, dass die scheinbar verschwundenen großen Kriege lediglich der Angst vor der Atombombe zu verdanken sind und nicht eines gestiegenen altruistischen Bewusstseins. Auch habe sich nur die Art der gewaltsamen Konflikte von staatlich organisierten Kriegen zu Bürgerkriegen, Terrorismus und Gegenterrorimus gewandelt, die von den so genannten fortgeschrittenen Nationen lediglich in andere Länder "exportiert" wurden, nämlich in die ärmeren, ehemaligen Kolonien der westlichen Welt. Gray kritisiert, dass der Tod von Zivilisten, direkt oder indirekt durch Hunger, physische und psychische Krankheiten, Vergewaltigung und Folter außen vor gelassen wird. Sein Schluss ist, dass die Menschheit immer noch so gewalttätig ist, wie sie es stets war und dass eine andere Sicht der Dinge unwissenschaftliches Utopiedenken darstelle.[6] Gray wirft Pinker und seinen Mitstreitern vor, Statistiken und Indizien nach Gutdünken zu produzieren und unterstellt ihnen im Wesentlichen, dass sie versuchen, ihren haltlosen Glauben an eine positive Zukunft mit Fakten zu untermauern. Dabei unterlässt er es jedoch, selbst Fakten oder Statistiken zu bemühen, die wiederum seine Behauptungen des Gegenteils stützen könnten.

Im Grunde genommen handelt es sich hierbei um den alten Streit zwischen Calvin Hobbes und Jaques Rousseau, welcher sich um das Verhältnis von Zivilisation und Kultur in Bezug auf die menschliche Gewalt dreht. Rousseau war der Ansicht, dass die Zivilisation den friedlichen Urzustand des Menschen verdirbt, wohingegen Hobbes das Gegenteil annahm: Dass die Zivilisation die rohe, gewaltsame Natur des Menschen bändige. In diesem Kontext wird gerne das be-

---

[4]   Vgl Gray, John. Steven Pinker is wrong about violence and war. In: *The Guardian* (2015), URL: http://www.theguardian.com/books/2015/mar/13/john-gray-steven-pinker-wrong-violence-war-declining – Download vom 25.03.2015. Gerade Singer hat bereits 1975 parallel zu den bekanntesten Formen der systematischen Unterdrückung wie Sexismus und Rassismus die Existenz des Speziesismus postuliert, welches die gesamtgesellschaftliche Diskriminierung von nichtmenschlichen Tieren bedeutet. Singer definiert es als "a prejudice or attitude of bias in favour of the interests of members of one's own species and against those of members of other species." (Vgl. Singer, Peter. *Animal Liberation*. New York: HarperCollins, 2009) Singer argumentiert also, dass Gewaltfreiheit nicht bei der eigenen Spezies aufhören sollte und setzt damit Altruismus noch konsequenter um.

[5]   Vgl. Gray.

[6]   Vgl. Ebd.

kannte Zitat "homo homini lupus" verwendet. [7] Offensichtlich scheint es jedoch zumindest kurzfristig kein zufriedenstellendes Ende dieser Debatte zu geben. Sinnvoller und zielführender, als die schwer festzustellende real verübte Gewalt zu untersuchen, scheint es, sich stattdessen der Literatur zu zu wenden und die Gewaltdarstellungen zu betrachten. Doch warum sollte fiktive, erzählte Gewalt überhaupt für diese Betrachtung relevant sein? Stephanie Jed verweist darauf, dass die Literatur nicht völlig losgelöst von realpolitischen Ereignissen ist, wie oft angenommen wird. Die Literatur stellt die Reflexionsebene der Gesellschaft dar. Jed zitiert Cantimori mit den Worten: "Politics draw their sap from literature which in turn they fertilize."[8] Sie verweist auf ein intensives Wechselspiel zwischen Politik und Literatur, welches in Narration und deren Umsetzung, sowie Ereignissen und deren Kommentar resultiert.[9] Durch dieses Wechselspiel jedoch ergibt es sich, dass man den Eindruck bekommt, dass Gewalt ein "prädominantes Merkmal modernen Lebens ist," welches in einer "hohen Verfügbarkeit von Gewalt- und Schreckensbildern"[10] gerade auch in der Literatur resultiert. Es lässt sich leicht der Schluss ziehen, dass Gewaltdarstellungen in der Literatur eine "teils evidente, teils heimliche Herrschaft" über unsere Alltagsrealität haben [11] und damit maßgeblich für unsere gesellschaftliche Gegenwart sind. Der Hinweis auf die gegenwärtige Alltäglichkeit von Gewalt in der Literatur und in den Medien jedoch ist "selbst Alltäglichkeit."[12] Gewalt war schon immer "ein zentrales Thema und Motiv in der Literatur und den bildenden Künsten"[13] und "zieht sich wie eine Blutspur durch die Literaturgeschichte."[14]

---

[7] Vgl. Corbineau-Hoffmann, Angelika; Niklas, Pascal. *Sprache der Gewalt – Gewalt der Sprache*. Hildesheim, Zürich, New York: Georg Olms Verlag, 2000: 8.

[8] Cantimori, Delio. zit. n. Jed, Stephanie. "The scene of tyranny. Violence and the humanistic tradition." *The violence of Representation. Literature and the History of violence*. Hg. v. Nancy Armstrong and Leonard Tennenhouse. London: Routledge Chapman & Hall, 2013: 35.

[9] Vgl. Jed, Stephanie. "The scene of tyranny. Violence and the humanistic tradition." *The violence of Representation. Literature and the History of violence*. Hg. v. Nancy Armstrong and Leonard Tennenhouse. London: Routledge Chapman & Hall, 2013: 35.

[10] Horst, Christoph auf der. *Ästhetik und Gewalt. Physische Gewalt zwischen künstlerischer Darstellung und theoretischer Reflexion*. Göttingen: Unipress Göttingen, 2013: 9.

[11] Vgl. Corbineau/Niklas 1

[12] Ebd. 1.

[13] Bohrer, Karl Heinz. "Warum ist Gewalt ein ästhetisches Ausdrucksmittel?" Ästhetik und Gewalt. Physische Gewalt zwischen künstlerischer Darstellung und theoretischer

Die Geschichte der Gewaltdarstellungen in der Literatur lässt sich so weit zurück verfolgen, dass man nicht einmal mehr sagen könnte, welches Phänomen das erste war: "Die Gewalt oder das Sprechen über Gewalt?".[15] Corbineau-Hoffmann und Niklas sind der Ansicht, dass Gewalt "allen literarischen Manifestationen [...] gleichermaßen archetypisch" ist.[16] Im Gegensatz zu real verübter Gewalt ist es jedoch unsinnig, lediglich die Anzahl an Gewaltdarstellungen zahlenmäßig gegeneinander aufzuwiegen, um so Schlüsse auf die etwaige Veränderung der menschlichen Natur ziehen zu können. Viel entscheidender ist die bewusste, wie auch unbewusste, textimmanente Bewertung der dargestellten Gewalt und ihre zeitgenössische und gegenwärtige Interpretation. So sind "literary images of the future [...] among the most significant expressions of the beliefs and expectations we apply in real life to the organizations of our attitudes and actions,"[17] also die beste Quelle für eine gesellschaftliche Evaluation von Gewalt, insbesondere wenn sie die "threats, dangers und risks of modernity"[18] zum Ausdruck bringen. Für diesen besonderen Analysepunkt eignen sich aufgrund ihrer strukturellen Besonderheiten und außerfiktionalen Intentionen die Dystopien, die eben genau diesem Anspruch entsprechen. Diese "spiegeln und extrapolieren geistige Strömungen und Denkweisen, sozio-politische Ereignisse, Entwicklungen und Tendenzen [...], die die zeitgenössische außerliterarische Gegenwart in eine diesen fiktiven Gesellschaftsentwürfen ähnliche Zukunft verwandeln könnten."[19] Das Genre der Dystopie ist in diesem und letzten Jahrhundert zur "vorherrschenden literarischen Ausdrucksform für politische, sozialkritische und ethische Bedenken und Warnung westlicher Autoren"[20] geworden. Eben genau aufgrund diesen Anspruchs der Dystopien eignen sie sich am

---

Reflexion. Hg, v, Christoph auf der Horst. Göttingen: Unipress Göttingen, 2013: 21.

[14] Corbineau/Niklas 4.

[15] Corbineau/Niklas 2.

[16] Corbineau/Niklas 11.

[17] Stableford, Brian. *Encyclopedia of Science Fiction*. London: Routledge Chapman & Hall, 2014. n. Pag.

[18] Voigts, Eckart. "Introduction: They dystopian Imagination – An Overview". *Dystopia, Science Fiction, Post-Apocalyse*. Hg. v. Ansgar Nünning und Vera Nünning. Trier: Wissenschaftlicher Verlag Trier, 2015: 3.

[19] Layh, Susanna. Finstere neue Welten. Gattungsparadigmatische Transformationen der literarischen Utopie und Dystopie. Würzburg: Verlag Königshausen & Neumann, 2014: 16.

[20] Ebd. S. 15.

besten, um Gewalt-, aber auch Machtdarstellungen[21] im Kontext der gesellschaftlichen Bewertungen von Gewalt zu untersuchen. In dieser Arbeit werden die "kanonischen Dystopien"[22] "1984" von George Orwell und "Wir" von Jewgeni Samjatin mit einem der kürzlich erschienenen dystopischen Werke, "The Hunger Games" von Suzsanne Collins in ihren Gewaltdarstellungen und deren moralischen Bewertungen verglichen, um etwaige Unterschiede und ihre Implikationen für den Wandel von Bewertung von Gewalt in der Gesellschaft festzustellen. Dazu wird zunächst der Begriff der Dystopie von anderen, verwandten Begriffen abgegrenzt, um anschließend auf die genaue Differenzierung des Gewaltbegriffs und die Ästhetisierung von Gewalt einzugehen. Danach werden an den betreffenden Werken die unterschiedlichsten Ausprägungen und Formen von Gewalt untersucht und miteinander verglichen. Anschließend werden die Ergebnisse im Kontext der gesellschaftlichen Bewertungen von Gewalt interpretiert.

---

[21] Eine genaue Ausdifferenzierung des Verhältnisses zwischen Macht, Zwang und Gewalt – und ihre Überschneidungen – wird in Punkt 2.1. vorgenommen.

[22] Ebd. 15f.

II. Gewaltdarstellung in Dystopien und ihre moralischen Bewertungen

1. Definition und Abgrenzung des Begriffs "Dystopie"

Zunächst wird der in der Forschung recht diffuse Begriff der Dystopie[23] konkretisiert und von anderen, ähnlichen Formen wie der Utopie, der Anti-Utopie oder der kritischen Utopie abgegrenzt.

Bei der Definition des Begriffs der Dystopie kommt man nicht umhin, seinen literarischen Vorläufer, die Utopie zu analysieren. Die "Tradition der literarischen Utopie [reicht] vom 21. Jahrhundert bis in die Antike zurück"[24] und ist der Ausgangspunkt und Ursprung für alle nachfolgenden Bezeichnungen, strukturell wie terminologisch, weshalb der Begriff zuerst beleuchtet und vorgestellt wird.

1.1. Historischer Utopie-Begriff

Das "fiktive Spiel mit den religiösen oder säkularen Menschheitsträumen von einem glücklicheren Leben"[25] lässt sich bis zu Platons "Politeia" circa im Jahre 370 vor Christus zurückverfolgen, findet sich aber auch in den biblischen Beschreibungen vom Garten Eden oder Mythen von Atlantis oder El Dorado.[26] Der Begriff "Utopie" selbst entstammt aus dem gleichnamigen Werk ("Utopia") von Thomas Morus und ist ein Neologismus aus griechischen Wortstücken und bedeutet sinngemäß "Nicht-Ort", im Sinne eines nicht real existierenden Ortes. Gleichzeitig ist es ein Wortspiel mit der englischen Aussprache des Wortes, durch welches der Name wie "Eutopie" klingt, welches im griechischen "Gut-Ort" bedeuten würde. Somit impliziert das Wort gleichermaßen den idyllischen, erstrebenswerten Charakter des fiktiven Inselstaates, welchen Morus skizziert, aber auch dessen Nicht-Existenz.[27] Das Werk wird so populär, dass daraufhin der "Inselstaat Utopia zum Sinnbild für den philosophischen, politischen oder literarischen Entwurf eines idealen Staatsgebildes"[28] avanciert und sich über die Literatur hinaus in der Gesellschaft als Konzept etabliert. Diesem Umstand ist es

---

[23] Vgl. Layh 20.

[24] Layh 31.

[25] Layh 31.

[26] Vgl Ebd. 31

[27] Vgl Ebd. 32.

[28] Ebd. 32.

zu verschulden, dass der Begriff der Utopie sehr weit gefasst ist und je nach "historischem und kulturellem Kontext bzw. individueller politisch-ideologischer Perspektive"[29] verwendet wird. So kann man zwischen utopischer Programmatik wie politischen Manifesten, gelebten Utopien in Form von Gesellschaftsexperimenten, sowie fiktionalen Entwürfen und literarischen Konzeptionen unterscheiden.[30] Die literarische Utopie besitzt "spezifische, gemeinsame Strukturmerkmale und poetologische Charakteristika"[31] in der Nachfolge von Morus. Zwar gibt es auch die "klassische Utopie", welche eine "statische Diskription des jeweiligen utopischen Staatsgefüges"[32] darstellt, jedoch haben sich die literarischen Utopien dahingehend weiterentwickelt, dass erzählerische Handlungsmomente eingebaut worden sind, wodurch literarische Mischformen mit Science-Fiction, Reiseerzählungen, Robinsonaden, etc. entstanden sind, die fließende Grenzen aufweisen.[33] Die Utopie funktioniert, ebenso wie die Dystopie, als Kritik an der Gegenwart. Das schafft sie durch die innerfiktionale Spiegelung [34] der gegenwärtigen Gesellschaft an einer als besser und fortgeschrittener wahrgenommenen Gesellschaft. Dahinter steht eine "Sehnsucht" nach dieser besseren Gesellschaft, die durch "die Erfahrung des Mangels [und] der Unzulänglichkeiten der zeitgenössischen, außerfiktionalen Realität"[35] hervor gerufen wird. Max Horkheimer bezeichnete es treffend als "Kritik dessen, was ist und die Darstellung dessen, was sein soll."[36] Utopien, aber auch ihre literarischen Nachfolger und Variationen entstehen stets dann vermehrt in "Zeiten soziopolitischer Krisen oder des historichen Umbruchs als Kritik oder Reaktion auf die jeweiligen zeitgenössischen Verhältnisse,"[37] also während eines kulturellen Paradigmenwechsels.

---

[29] Ebd. 32.

[30] Ebd. 33.

[31] Ebd. 37.

[32] Ebd. 50.

[33] Ebd. 37.

[34] Vgl. Ebd. 121.

[35] Ebd. 38.

[36] Horkheimer, Max. *Die Utopie. Gesammelte Schriften, Bd 2: Philosophische Frühschriften 1922-1932.* Hg. v. Alfred Schmidt und Gunzelin Schmid Noerr. Frankfurt/M.: Fischer, 1987. 244.

[37] Layh 100.

1.2. Andere Gattungsbezeichnungen

In der Nachfolge der Utopie entwickelten sich viele Ableger und Variationen des Genres, weshalb die Forschung verschiedenste Begrifflichkeiten vorschlug, um programmatische Unterschiede zwischen den Werken zu kategorisieren. So schlug Tom Moylan in "Demand the Impossible: Science Fiction and the Utopian Imagination" aus dem Jahr 1986 den Begriff der "kritischen Utopie" vor.[38] Damit wollte er diejenigen Utopien von den bisherigen abgrenzen, die sich vom Perfektionsideal der klassischen Utopie distanzierten und ein "Bewusstsein über die erzählerischen Grenzen" der Utopie entwickelten.[39] Diese seien sich eben der Imperfektion der Utopien bewusst und erscheinen damit realistischer.[40] In diesen kritischen Utopien wird die Reise nach Utopia auserzählt, welches die "Handlungsdynamik erhöht." Es wird die Veränderlichkeit und Beweglichkeit des Utopischen betont" und das Werk besitzt oft ein "offenes und ambivalentes Ende."[41] Dies stellt jedoch immer noch eine Form der Utopie dar, wenn auch eine weiterentwickelte. Nach H. G. Wells wurden diese utopischen Entwürfe größtenteils in die Zukunft verlegt und zu weltumspannenden Staaten konzipiert. Der Fokus liegt fortan "auf dem Individuum und [der] Frage nach seiner persönlichen Freiheit" und markiert auch mitunter den Beginn der Science-Fiction.[42] Die als grenzenlos wahrgenommenen technologischen Möglichkeiten wandeln sich sukzessive von einem "Fortschrittsoptimismus" zur "Technologiekritik." Das Ideal wird entmystifiziert und wird mit immer größer werdenden Skepsis und Zweifel betrachtet.[43] Die positiven Entwürfe für zukünftige Gesellschaften wandeln sich nun in "literarische Szenarien der Furcht und des Schreckens."[44] Einerseits bleibt in dieser Form die Kritik an den realen, außerfiktionalen Gegebenheiten erhalten. Anstatt eines positiven Gegenentwurfs, der negative Aspekte der zeitgenössischen Gegenwart im konstruierten Ideal auslässt, werden nun besagte negative Aspekte extrapoliert und konsequent weitergesponnen. Andererseits

---

[38] Moylan, Tom. *Demand the Impossible. Science Fiction and the utopian imagination.* New York, London: Methuen, 1986.

[39] Vgl. Layh 51.

[40] Moylan 10.

[41] Layh 52.

[42] Ebd. 101.

[43] Vgl. Ebd. 103.

[44] Ebd. 107.

wird dadurch auch Kritik an den zuvor postulierten utopischen Bildern geübt und eine gewisse Zukunftsangst zum Ausdruck gebracht. Diese neuen Formen übernehmen eine Warnfunktion vor Missbrauch der Technik und Beschränkungen des Individuums durch Staat und Totalitarismus. Es entwickelten sich "fantasies of degeneration and destruction, [with a] sceptical attitude towards science and technology."[45] Diese Formen sind "eng mit der bisher bekannten literarischen Utopie verwandt", weisen aber ganz eigene literarische Merkmale auf.[46] Das machte eine "terminologische und typologische Differenzierung" der Formen notwendig, woraus eine Vielzahl "an teilweise bis heute koexistierenden Begrifflichkeiten" in der Forschung entstand.[47] Es wurden Termini wie "Anti-Utopie", "Dystopie", "Gegenutopie" und "negative Utopie", "Kakotopie"[48] u.a. eingeführt. Voigts spricht sogar von einem "terminological mayham."[49]

In der Forschung hat sich bis jetzt noch keine genaue Differenzierung durchgesetzt, welche Begriffe welche Phänomene beschreiben und ob überhaupt Unterschiede namenskategorisch festgehalten werden müssen und wenn doch, wie diese Unterschiede aussehen. Diese Arbeit orientiert sich daher an der Kategorisierung Susanna Layhs in "Finstere neue Welten" (2014), in welcher "Dystopie" und "negative Utopie" gleichgesetzt werden,[50] "Anti-Utopie" und "Gegenutopie" jedoch für eine andere Klassifizierungen benutzt werden. Thomas Schölderle ist ebenfalls dieser Ansicht und ergänzt noch als "unproblematische" Vorschläge für Synonyme zum Phänomen der Dystopie "Warnutopie", "Mätopie ('Ort, der nicht sein möge')" oder "schwarze Utopie."[51] Layh wendet sich speziell gegen die Praktik von Elena Zeißler in "Dunkle Welten. Die Dystopie auf dem Weg ins 21. Jahrhundert," welche die Begriffe "Dystopie" und "Anti-Utopie" synonym verwendet, mit der Begründung, dass die "Unterscheidung zwischen utopiekritischer Anti-Utopie und gesellschaftskitischer Dystopie [...] schwer umzusetzen

---

[45] Voigts 2.

[46] Vgl. Layh 108.

[47] Ebd. 109.

[48] Vgl. Voigts. 1. Voigts spricht hier von "caco-topia", welches "wicked place" übersetzt bedeutet.

[49] Voigts 1.

[50] Layh 15.

[51] Siehe Schölderle, Thomas. *Geschichte der Utopie. Eine Einführung.* Köln, Weimar, Wien: Böhlau Verlag, 2012: 137.

ist."[52] Doch Layh stellt fest, dass diese Praktik nicht nur in der Forschung größtenteils als überholt betrachtet wird [53], sondern auch, dass beide Termini auf jeweils unterschiedliche literarische Phänomene angewendet werden können, die "auf divergenten poetologischen Prinzipien und Konzeptionen beruhen."[54] Sie geht von der direkten Wortbedeutung der Anti-Utopie als Kritik an der Utopie aus, also speziell *"gegen eine spezifische literarische respektive historische Utopie oder das Utopische per se gerichtet."*[55] Dieses Verständnis von Anti-Utopie trifft auf einige literarische Werke nunmal nicht zu, da sie sich nicht konkret gegen Utopievorstellungen richten, sondern gegen andere Tendenzen, wie zum Beispiel Totalitarismus.[56] Auch Schölderle findet die in diesen Begriffen mitschwingende "Fundamentalopposition zur Utopie" zu problematisch, um "Anti-Utopie" als legitimes Synonym für Dystopie gelten lassen zu können.[57] [58] Letztendlich sind abschließende Differenzierungen und präzise Demarkierungen sehr schwierig, da Übergänge diffus sind und die Variationen mannigfaltig.[59]

1.3. Merkmale der Dystopie

Nach Lyman Tower Sargent lässt sich der Begriff der Dystopie zurück bis ins 18. Jahrhundert verfolgen[60] und setzt sich aus den griechischen Worten "dys" für "schlecht" und "topos" für "Ort" zusammen und bedeutet demnach "Schlecht-Ort", in Anlehnung an Morus' Wortspiel mit Utopie, welche "Gut-Ort" bedeutet. Seit dem Aufkommen der Dystopien überschatten diese inzwischen die literarischen Utopien in Quantität und Qualität.[61] Während nun eine Anti-Utopie dezi-

---

[52] Zeißler, Elena. *Dunkle Welten.* zit. n. Layh 111.

[53] Vgl. Layh 111.

[54] Vgl. Ebd. 112.

[55] Ebd. 114. Kursiv im Original.

[56] Vgl. Seeber, Hans Ulrich. "Bemerkungen zum Begriff 'Gegenutopie'". *Die Selbstkritik der Utopie in der angloamerikanischen Literatur.* Münster: Lit-Verlag, 2003: 223-235, hier 224.

[57] Vgl. Schölderle 137.

[58] Voigts und einige andere schließen sich dieser Unterscheidung mit der gleichen Begründung auch an (Vgl. Voigts 1f). Diese Arbeit richtet sich demnach nach einem definitven Trend in der Wissenschaft.

[59] Vgl. Voigts 1.

[60] Vgl. Sargent, Lyman Tower. *In Defense of Utopia.* Diogenes 209 (2006): 11-17, hier 15.

[61] Voigts 4.

diert Kritik am Utopischen bedeutet, welches es als "Wirklichkeitsferne, realitätsfremdes Wunschdenken, Unerreichbarkeit, eskapistische Phantasien, unerfüllte Träume und Schwärmereien"[62] abstempelt, so trifft dies auf Konzeptionen einer "Dystopie" nicht zu. Dystopien sollten nicht als Verneinung der utopischen Idee verstanden werden, obwohl ihnen eine strukturimmanente Kritik zu eigen ist, da sie im Text explizit oder implizit utopische Gegenentwürfe enthalten, die als Alternativen zur beschriebenen düsteren Zukunft verstanden werden können und positiv bewertet werden.[63] Die Kritik der Dystopie richtet sich nicht gegen das Utopische an sich, sondern speziell gegen eine "Entindividualisierung", gegen "Institutionalisierung", und eine "Massengesellschaft", in welcher "nur noch wenig Raum für utopische Hoffnungen" bleibt und kann eher als "Zukunftspessimismus" gesehen werden.[64] Im Gegensatz zur Utopie, die Kritik an zeitgenössischen Tendenzen durch einen positiven Gegenentwurf übt, skizziert die Dystopie einen negativen Gegenentwurf in einer provokativ-appellativen Absicht, um vor als negativ wahrgenommenen Tendenzen zu warnen, indem sie diese Tendenzen überspitzen.[65] Das düstere Szenario der Dystopien spiegelt nicht "unvermeidbare sozio-politische Tendenzen wider", die jedwede Utopievorstellungen verdammen, vielmehr wird erhofft, dass der beschriebene Staatsentwurf eben nicht Realität wird. Die Hoffnung auf die Utopie bleibt quasi explizit erhalten.[66] Somit kann zusammengefasst werden, dass man unter einer literarischen Dystopie eine Darstellung eines Ortes beziehungsweise Staates versteht, der schlechter ist als seine zeitgenössische Gegenwart, aber nicht unbedingt gegen utopische Modelle verfasst worden ist.[67] Brosch bringt es ebenfalls sehr prägnant auf den Punkt: "Dystopias cannot be understood as the opposite of utopias because the dystopian society contains within itself seeds of utopian dreams."[68]

---

[62] Layh 117.

[63] Vgl. Ebd. 123.

[64] Ebd. 16.

[65] Ebd. 124.

[66] Vgl. Schölderle 136.

[67] Vgl. Voigts 4.

[68] Brosch, Renate. "Dystopian Violance: A Clockwork Orange". *Dystopia, Science Fiction, Post-Apocalyse*. Hg. v. Ansgar Nünning und Vera Nünning. Trier: Wissenschaftlicher Verlag Trier, 2015: 104.

Die Dystopie selbst ist meist als fiktiver Staatsentwurf aufgebaut, welcher "auf einer bestimmten Ideologie wie "IngSoc" in "1984" oder "Fordismus" in "Brave New World" fußt, mit der den Bürgern ein gutes Leben durch die Verwirklichung utopischer Ideale versprochen wird."[69] Diese Ideologie mag vielleicht eine hehre Absicht beherbergen, geht jedoch stets auf Kosten des Individuums und seiner persönlichen Freiheit und freien Entfaltung, weshalb es letztlich zum Konflikt eines Einzelnen oder weniger Einzelner mit dem autoritären, omnipotenten Staat kommt. Ein wichtiges Merkmal dieses Staates ist seine hierarchische Gesellschaftsstruktur, mit einem als allmächtig wahrgenommenem, meist nicht auftretendem, ikonenhaftem Staatsoberhaupt wie dem "Big Brother" in "1984" oder dem "Wohltäter" in "Wir".[70] Wichtige Merkmale sind "(Partei)Diktatur, Personenkult, Denunziantentum, Scheinjustiz, Folter und Terror."[71] In vielen Dystopien zeigt sich die hierarchische Gliederung der Gesellschaft in Kasten. So gibt es in "1984" die "inner party", die "outer party" und die "proles", bei Huxley beispielsweise fünf Kasten von "Alpha" bis "Epsilon". Natürlich ist es so, dass sich die privilegierte Elite bereichert, während der Rest der Gesellschaft am Rande des Existenzminimums und darunter lebt.[72] Ein weiteres Charakteristikum für die dystopische Handlung ist, dass sie in medias res beginnt. Oft ist der meist männliche Protagonist Mittäter des Systems und für Teile der sich selbst erhaltenden Mechanismen des Staates verantwortlich oder er ist zumindest ein unkritischer, enthusiastischer Befürworter, wie zum Beispiel Winston in "1984", oder D-503 aus "Wir". Erst eine andere, meist weibliche Person, welche kein Träger des Systems ist, macht diesen Protagonisten auf grundlegende Fehler des Systems aufmerksam oder darauf, dass eben jene Entindividualisierung und Unterdrückung etwas Schlechtes ist. Diese andere Person, wie Julia in "1984" oder I-330 in "Wir" bringt den Protagonisten sowie den Leser gleichermaßen zurück in den Kontext seiner zeitgenössischen Gegenwart, um so die Andersartigkeit und insbesondere die nicht erstrebenswerten Aspekte dieses Staates zu unterstreichen. Dieser Kontrast zwischen den phantastischen Elementen dieses Staatsentwurfes und die dem Leser aus der außerfiktionalen Alltagsrealität bekannten Phänomenen soll gleichzeitig als Wiedererkennungseffekt für zeitgenössische Tendenzen dienen, durch die Verfremdung aber ihre Bedroh-

---

[69] Voigts 155.

[70] Vgl. Ebd 157.

[71] Schölderle 133.

[72] Vgl. Ebd. 134.

lichkeit und Gefährlichkeit untermauern. M. Keith Booker bezeichnet dies sogar als "the principal technique of dystopian fiction."[73] Nicht selten entsteht zwischen diesen beiden Personen eine amouröse Beziehung. So wird typischerweise die Liebe oder die Gefühle allgemein, ebenso wie Musik oder Literatur als subversives Element vom Protagonisten entdeckt. Die freie Liebe zwischen den zwei Individuen wird als Akt der Auflehnung empfunden.[74] Der zuvor systemtreue Protagonist beginnt daraufhin, gegen den Staat und seine Ungerechtigkeiten anzukämpfen. So ist eine Dystopie üblicherweise der "Konflikt eines Individuums mit einem übermächtigen Staatsgefüge."[75]

Das Ende der Dystopien betreffend gibt es zwei typische Herangehensweisen: Der Kampf des Protagonisten ist erfolgreich und das System wird gestürzt oder dem Staat gelingt es erfolgreich, den Aufstand niederzuschlagen und den Protagonisten als Unruhestifter zu eliminieren. Die Mittel dazu können Folter (1984), eine Operation des Gehirns (Wir) oder der Tod sein. Die staatliche Überwachung, Indoktrination und Gehirnwäsche des Individuums ist ein sehr grundlegendes Merkmal der Dystopie. [76] Sollte der Staat untergehen, spricht man von einer offenen Dystopie, bleibt der Staat bestehen ist dies eine geschlossene Dystopie.

Zuletzt soll noch auf den Begriff der "kritischen Dystopie" eingegangen werden, welches eine Variation und Weiterentwicklung der klassischen Dystopie darstellt. Parallel zur kritischen Utopie wird die Eindimensionalität des übermächtigen Staates um eine intertextuelle Vergangenheit und Zukunft ohne die Unterdrückung des Systems bereichert. Somit wird nicht nur der dystopische Staat beschrieben, sondern ebenfalls gleichzeitig die Welt, wie sie vor dem Aufkommen des Staates war und wie es zur Entstehung des Systems gekommen ist. Dieses "faktische fiktionsinterne Rekurrieren auf Elemente, Tendenzen und Probleme der zeitgenössischen Gegenwart, aus der die dystopische Welt der Zukunft resultiert" ist das „Schlüsselcharakteristikum,"[77] welches die kritische Dystopie von der klassischen unterscheidet. Sie verwendet immer noch die tradierten Er-

---

[73] Booker, M. Keith. *The Dystopian Impulse in Modern Literature: Ficiton as Social Critisism.* Westport, CT: Greenwood Press, 1994: 19

[74] Vgl. Schölderle 132.

[75] Layh 218.

[76] Vgl. Ebd. 219.

[77] Ebd. 181.

zählmuster, Motive, Themen und formalästhetische Charakteristika, modifiziert diese jedoch. Auf diese Weise findet das Utopische wieder seinen Weg in die Fiktion oder zumindest in die Rezeption des Werkes.[78] Damit wird erneut Kritik an der außerfiktionalen Realität geübt, indem die zeitgenössische außerfiktionale Realität große Ähnlichkeit zu der innertextuellen Vergangenheit des dystopischen Systems aufweist und im Kontrast zum System selbst steht. Voigts beschreibt diese Texte auch als "texts that deliberately conflate dystopian and utopian ideas."[79] Beispiele für kritische Dystopien sind zum Beispiel Margaret Atwoods Werke "The Handmaid's Tale" oder "Oryx and Crake".

2. Defintion von Gewalt und Gewaltästhetik

An dieser Stelle wird nun näher auf den Gewaltbegriff eingegangen. Dazu soll zunächst die Art des Gewaltbegriffs analysiert werden, sowie sein Verhältnis zur Macht. Der Systembegriff nach Niklas Luhmann wird hierbei in die Analyse miteinbezogen. Anschließend wird untersucht, wie Gewalt bewertet und ästhetisiert werden kann.

2.1. Das Verhältnis von Macht, Zwang und Gewalt

Der deutsche Begriff der Gewalt hat seine Wurzeln im Indogermanischen und bedeutet grundsätzlich "Verfügungsfähigkeit haben"[80] und meint erst einmal die Fähigkeit, ein Individuum oder eine Gruppe von Individuen fremdbestimmen zu können. Das deutsche Wort "Gewalt" besitzt jedoch zwei, wenn auch verwandte, so nichtsdestotrotz unterschiedliche Quantitäten, welche auf die Übersetzungstradition aus dem Lateinischen zurück geht. Der Begriff "Gewalt" wurde einerseits für den lateinischen Begriff "violentia", also (physische) Gewalt, Zwang und Aggression verwendet, gleichzeitig aber auch für das Wort "potestas", welches Macht oder einer Befähigung entspricht. Beide Denotate sind im heutigen Sprachgebrauch auch noch geläufig, so spricht man von "Staatsgewalten" oder "Gewaltenteilung", wenn man von der Macht des Staates spricht, aber auch von "Gewalttaten", wenn man auf physische Akte der Zerstörung referiert. Man spricht aber auch von Gewalt, wenn man einer Person Zwang aussetzt. Niklas Luhmann stellt im Rahmen der Systemtheorie fest, dass das "Phänomen

---

[78] Ebd. 176.

[79] Voigts 4.

[80] Corbineau/Niklas 4.

Macht"[81] Ausdruck des "sozialen Faktums Gesellschaft" ist,[82] nämlich ein "symbolisch generalisiertes Medium der Kommunikation."[83] Im Grunde genommen besitzt das Kommunikationsmedium Macht die Funktion, die Gesellschaft zu ordnen.[84] Luhmann beschreibt Macht nun als "einflussnehmende Kommunikation auf einen Partner, der in seinen Selektionen dirigiert werden soll."[85] Macht als Kommunikation setzt nämlich zwei Partner voraus, sowie Entscheidungsoptionen der beiden Partner im Rahmen der Kommunikation und das Bewusstsein beider Partner darüber, dass der jeweils andere Partner an der Kommunikation teilnimmt.[86] Macht auf der einen Seite eines Partners bedeutet, die Auswahlmöglichkeiten des anderen zu manipulieren, "Unsicherheiten zu erzeugen" oder sie zu beseitigen.[87] Als Sonderfall dazu stehe der "Zwang", welcher die Wahlmöglichkeiten des unterlegenen Partners auf Null reduziert.[88] Dies kann durch einen Grenzfall des Zwangs geschehen, nämlich durch physische Gewalt. Luhmann schreibt (physischer) Gewalt eine "exzeptionelle Stellung"[89] in den Machtverhältnissen zu, die die "symbolische Beziehung" von Macht auf die körperliche Ebene überträgt.[90] Gewalt ist vom Betroffenen "nicht ignorierbar" und sie ist "nahezu universell anwendbar." Sie ist der "Kulminationspunkt eines Konfliktes, in welchem eine Entscheidung unausweichlich wird." [91] Tatsächlich ist es also so, dass Macht zwar auch die "überlegene Fähigkeit zur Ausübung physischer Gewalt"[92] bedeutet, jedoch ihre wirkliche Anwendung ein Zeichen von fehlender Macht ist, da auf die Selektionsfähigkeit des Partners quasi direkt Einfluss genommen werden muss, weil der Machtausüben-

---

[81] Luhmann, Niklas. *Macht.* Stuttgart: Ferdinand Enke Verlag, 1975: 4.

[82] Ebd. 2.

[83] Corbineau/Niklas 3.

[84] Vgl. Ebd. 63.

[85] Luhmann 8.

[86] Vgl. Ebd. 7.

[87] Vgl. Ebd. 8.

[88] Ebd. 9.

[89] Ebd. 65.

[90] Ebd. 61.

[91] Ebd. 65.

[92] Ebd. 62.

de selbst keine andere Möglichkeit hat, die Selektionsfähigkeit des Partners zu beeinflussen.[93] Jedoch besitzt diese "asymmetrische Beziehung" eine "Doppelnatur" von binären Oppositionen, nämlich Stärke und Schwäche, sowie Recht und Unrecht, wobei Recht und Stärke nicht identisch sind.[94] Diese "Zweit-Codierung"[95] der Macht reguliert das Verhältnis von Stärke und Schwäche. Somit sind Gewalt beziehungsweise Macht und ihre Bewertungen bereits von Grunde auf miteinander verknüpft.

Diese Austauschbarkeit und Überschneidungen der Begriffe machen eine genaue Unterscheidung problematisch. In dieser Arbeit wird daher folgende Differenzierung vorgenommen, die an Niklas Luhmanns Definitionen angelehnt sind: Macht ist der Oberbegriff aller Handlungspotentiale, die ein anderes Subjekt in seinen Handlungsoptionen beeinflussen. Zwang ist eine besondere Form von Macht, nämlich eine, die dem anderen Subjekt jegliche Wahl der Handlungen nimmt und ihn somit zu einer Entscheidung "zwingt". Physische Gewalt und psychische Gewalt stellen wiederum die beiden Ausprägungen des Zwangs dar. Explizit der Terminus "physische Gewalt" (wie auch "psychische Gewalt") wird unterschieden von dem allgemein gebräuchlichen Gewaltbegriff, welcher kontextabhängig mit den Begriffen der Macht und des Zwangs austauschbar ist. In dieser Arbeit wird der Begriff der Gewalt als Synonym für den Terminus Macht verstanden und verwendet. Wird auf die Gewalt im Sinne von Zwang referiert, wird darauf hingewiesen. Handelt es sich um physische oder psychische Gewalt, wird dies ebenfalls explizit unterschieden.

Diese hierarchische Abstufung von Formen der Macht beschränkt sich als Kommunikationssystem selbstverständlich auf rein menschliche Formen von Macht und Gewalt. Gewalt kann auf den Menschen aber auch aus der nichtmenschlichen Natur ausgeübt werden, in Form von topographischen Gegebenheiten, Krankheiten, Naturkatastrophen oder nichtmenschlichen Tieren. Darüber hinaus kann ein Mensch Gewalt auch nicht auf andere Menschen ausüben, wie leblose Objekte oder andere Lebewesen. Gewaltausübung auf Gegenstände und nicht lebende Elemente der Natur sind stets physischer Art und werden, obwohl dies eine lohnenswerte Analyse darstellen würde, in dieser Arbeit nicht genauer behandelt. Gewalt gegen nichtmenschliche Tiere dagegen kann über den Fall der

---

[93] Vgl. Ebd. 9.

[94] Ebd. 65.

[95] Ebd. 66.

physischen Gewalt hinaus gehen und psychische Gewalt, aber auch andere Arten von Macht beinhalten, die nicht der Gewalt als Zwang zuzuordnen sind, da nichtmenschliche Tiere ebenfalls fähig sind, Handlungsentscheidungen in einem Kommunikationsmodell durchzuführen, wenn auch vielleicht eingeschränkter als ein Mensch. Daher wird in dieser Arbeit die anthropogene Gewalt gegen nichtmenschliche Tiere nicht explizit ausgelassen, auch da diese in der Gesellschaft oder in literarischen Werken oft nicht wertneutral behandelt wird.

Eine ergänzende Unterscheidung von Arten von Gewalt bietet dazu die Friedens- und Konfliktforschung. Johan Galtung teilt die Formen der Gewalt in personale und strukturelle Gewalt ein. Personale Gewalt bezeichnet die Einflussnahme eines einzelnen Täters auf ein Opfer und entspricht üblicherweise dem Zwang und damit auch der physischen und psychischen Gewalt, während die strukturelle Gewalt ohne Täter auskommt und einfach eine gesellschaftliche Begrenzung darstellt, die die Entfaltung eines Inidividuums bedingt beziehungsweise verhindert. Die strukturelle Gewalt kann von der Gesellschaft ausgehen, oder aber auch von der Natur.[96] In dieser erweiterten Definition ist auch nichtanthropogene Gewalt enthalten, die sich jedoch für die Analyse dieser Arbeit als irrelevant herausstellen, da sie unintentional und damit wertfrei sind. Für diese Arbeit erweist sich die Unterscheidung von personaler und struktureller Gewalt insofern fruchtbar, als dass sie auf den Einfluss der Struktur der Gesellschaft auf das Individuum hinweist, wenn das Kommunikationsmodell Luhmanns bei dem Machtverhältnis zweier Partner verleibt. Selbstverständlich ist es so, dass sich der Einfluss der Begrenzungen der Gesellschaft durch eben jene individuellen Kommunikationssituationen äußert, jedoch hilft diese Einteilung, die gesamtstrukturelle Machtausübung der Gesellschaft besser zu überblicken. Außerdem gibt es dieser Analyse die Möglichkeit, personale Gewalt wie den Zwang oder die psychische und physische Gewalt getrennt von dem Überbegriff Macht als Gewalt zu betrachten, in welchem streng genommen die anderen Gewaltarten inkludiert sind, da sie ja Sonderfälle von Machtausübungen darstellen.

2.2. Darstellungen von Gewalt und Ästhetisierungen

Es gibt selbstverständlich Unterschiede zwischen der realen Gewalt und realen Machtverhältnissen und ihren fiktionalen Manifestationen. Diese werden "physisch nicht am eigenen Leibe erfahren,"[97] sondern entfalten ihre Wirkung nur auf

---

[96] Vgl. Corbineau/Niklas 6.

[97] Horst 10.

andere Elemente der textimmanenten Welt. Jedoch entsprechen die Strukturen und Funktionsweisen des fiktiven Systems der Gewalt denen der außerfiktionalen Realität, weil sie gleichermaßen Spiegel und Vorbild der im tatsächlichen Leben stattfindenden Gewaltakte"[98] geworden sind. Es scheint ein "gesellschaftliches Bedürfnis" zu sein, sich über Macht und Zwang diskursiv in theoretischer Weise auseinander zu setzen.[99] Dabei wird stets ein Werturteil getroffen - vom Autor und vom Rezipienten. Diese müssen jedoch nicht zwangsläufig zum gleichen Ergebnis kommen. Gewalt in all ihren Formen kann verherrlicht, aber auch kritisiert und verurteilt werden. Doch völlig unabhängig vom moralischen Werturteil kann "Gewalt im ästhetischen Sinne hoch geschätzt werden."[100] Und damit ist nicht nur die fiktionale Gewalt gemeint, sondern auch reale. Von Gewalt und speziell dem Zwang geht eine ästhetische Anziehungskraft aus. Der Rezipient findet Genuss am angeschauten Leiden, gleich einem Voyeur, der das Verbotene schaut. Er ist fasziniert von dem Spektakulären der Gewalt als "produktästhetischem Impuls."[101] Der Mensch empfindet grundsätzlich Ehrfurcht vor der Macht, da sie jederzeit direkten Einfluss auf ihn ausüben kann. Dies trifft insbesondere auf die Gewalt als Zwang zu. Diese wird nicht aufgrund ihrer Schönheit vom Rezipienten konsumiert, sondern aufgrund ihrer Erhabenheit.[102] In Immanuel Kants "Kritik der Urteilskraft" schildert der Philosoph das Phänomen der Erhabenheit.[103] Später auch Schiller, Adorno und Lyotard.[104] Dieses Konzept der Erhabenheit beinhaltet, anders als Schönheit noch den Aspekt der Furcht und geht auf die Betrachtung der Natur durch den Menschen zurück. Diese wird deswegen als ästhetisch empfunden, weil sie "Furcht erregend"[105] ist. Sie ist für den Menschen gefährlich und gewalttätig und bei ihrer Betrachtung erfährt der Mensch Schrecken und Schauer. Solange er dies in genügender Distanz tut, ohne tatsächlich in Gefahr zu sein, empfindet er Erhabenheit, statt Angst um sein

---

[98] Bohrer 21.

[99] Vgl. Horst 10.

[100] Bohrer 21.

[101] Vgl Corbineau/Niklas 10.

[102] Vgl. Horst 12.

[103] Vgl. Kant, Immanuel. *Kritik der Urteilskraft. Hamburg:* Felix Meiner Verlag, 2006.

[104] Vgl. Horst 13.

[105] Urteilskraft 115.

Leben[106] und dies stellt den ästhetischen Aspekt der Gewalt als Zwang dar. Die Literatur bietet diese sichere Distanz, da sie "im Modus der Fiktion Freiräume schafft," in welcher die Gewalt Platz findet, "ohne damit, und dies ist das entscheidende Differenzkriterium, unmittelbaren Schaden" anrichten kann.[107] Strukturell ähnlich verhält es sich mit der anthropogenen Gewalt und den "Effekten der ungehemmten Aggressivität der menschlichen Natur."[108] Novalis bezeichnete Kunst aller Art als "Gemütserregung"[109] und damit vordergründig frei von moralischen Wertungen, denn auch amoralische Dinge oder vielleicht sogar gerade diese erregen das Gemüt. Das ambivalente Verhältnis von Ästhetisierung der Gewalt als Zwang und ihrer Kritik sowie Verurteilung geht zurück bis ins alte Griechenland zu den Epen Homers und den antiken Tragödien, lässt sich aber auch in der Bibel finden.[110] Auch in christlich-religiösen, künstlerischen Darstellungen zeigt sich eine Prädominanz von körperlicher Gewalt, was auch wenig verwunderlich ist, wenn ein Gewaltakt – Die Tötung Christi – der zentrale Aspekt dieser Religion darstellt. Dies ist so weit reichend, dass das Symbol des Christentums das Kreuz ist, welches eigentlich ein Mordwerkzeug darstellt. Doch dies trifft auch auf andere Religionen zu. Corbineau-Hoffmann und Niklas stellen fest, dass am Anfang jeder Religion stets ein Gewaltakt stand: "Seth zerstückelte Osiris, Kronos entmannte Uranos, Kain erschlug Abel." Macht, Zwang und physische Gewalt prägte die ganze Geschichte der "Mächtigen, die auch [...] eine Geschichte der Opfer ist."[111] Bei Homer steht die kriegerische Gewalt im Vordergrund. Der mörderische Kampf ist in seinen Epen eine männliche Tugend und etwas Erstrebenswertes. Die blutige Auseinandersetzung zwischen Hektor und Achill wäre nicht so ehrenvoll gewesen, hätten die beiden ihren Streit nicht im tödlichen Kampf ausgetragen.[112] Der Pathos der griechischen Tragödie dreht sich stets auch um Fragen des Zwangs und um Themen der physischen Gewalt.[113] Nach Aristoteles sollen die Leiden der Figuren durch phobos und eleos,

---

[106] Vgl. Horst 13.

[107] Corbineau/Niklas 10.

[108] Horst 14.

[109] Vgl. Bohrer 37.

[110] Vgl. Bohrer 22.

[111] Corbineau/Niklas 1.

[112] Vgl. Bohrer 22.

[113] Vgl. Ebd. 24.

also Schrecken und Mitleid als "tragisch" empfunden werden, um so die bekannte Katharsis zu erreichen. Dadurch rückt die eigentliche Handlung sogar in den Hintergrund, da die "Evokation gewalttätiger Bilder eine autonome Qualität bekommt, die die narrative Funktion überschreitet." Die physische Gewalt ist hier kein durch Ehre legitimierter Krieg, sondern ein "familiär begründetes Aggressionsereignis" mit "quasi-paradigmatisch-symbolischer Qualität."[114] Auch wird die explizite körperliche Gewaltdarstellung wie die Blendung des Ödipus oder die Ermordung des Agammemnon nicht direkt auf der Bühne sichtbar gemacht, sondern durch Worte übertragen, wodurch die Sprache selbst zum Gewaltereignis wird. Hier finden sich bereits Anklänge der kantschen Erhabenheit, wenn Aischylos durch den Chor zu Kassandra sagt "dass du, was furchtbar düstern Tons Klang hat, zum Liede prägst, zugleich voll und schön"[115] ist. Dieses "Zusammengehen des Schrecklichen mit dem Schönen zum gleichen Zeitpunkt"[116] stellt eben jene Ästhetisierung der physischen Gewalt dar und damit ihre Legitimation. Doch lässt sich auch die Thematisierung der Gewalt als Macht in Form der von den Göttern aufgestellten Gesetze finden, die wesentlichen Einfluss auf die Peripetie ausüben, wie die Prophezeiung des Ödipus[117]. Auch Shakespeare, der die grausamen Motive der griechischen Mythologie adaptiert, zeigt eine Affinität zum Ausdruck heftiger oder dramatischer Bewegung.[118] Auch ist Gewalt später bei Franz Kafka ein zentrales Thema. Er beschäftigt sich durch die juristische Motivik sogar nicht nur mit der physischen und psychischen Gewalt, sondern auch mit den Phänomenen der Staatsgewalt, also Macht und sozialen Zwängen. In der Neuzeit prägten Friedrich Nietzsche und Charles Baudelaire eine moderne Ästhetik der Gewalt, da "Tortur-Vorstellungen als Abbilder des kreativen künstlerischen Prozessen" verstanden wurden. Baudelaire verstand den Dichter als "Selbsthenker."[119] Von der Antike bis in die Neuzeit findet sich ein Zusammenfallen von Gewalt jeder Art und ihren Ästhetisierungen in der Kunst und sind somit nicht auf historische oder soziale Umstände zurück zu führen. Dabei tendieren die Gewaltdarstellungen zu einem "Vergnügen an tragischen

---

[114] Bohrer 25.

[115] Aischylos, "Orestes" *Tragödien und Fragmente (sammlung tusculum)*. Hg. u. übers. v. Oscar Werner. 4. Auflage. Artemis Verlag: München, 1988: 77.

[116] Bohrer 26.

[117] Vgl. Sophokles. *König Ödipus*. Husum: Hamburger Lesehefte Verlag, 2010.

[118] Vgl. Ebd. 27f.

[119] Bohrer 36.

Gegenständen" wie es Schiller ausdrückt, um eine "höhere tragische Wirkung" zu erzielen.[120]

3. Arten von Gewalt und Gewaltdarstellungen

Die Dystopie eignet sich ganz besonders zur angestrebten Analyse der heutigen Bewertungen von Gewalt und Gewaltdarstellungen, da sie erstens, wie zuvor bereits festgestellt, eine explizit kritische Gattung ist, die den Rezipienten dazu auffordert, die Erkenntnisse auf die außerfiktionale Realität anzuwenden. Zweitens ist sie eine vergleichsweise junge Gattung und kann deshalb im Besonderen für die jüngste literarische Geschichte stehen und drittens, da Macht und Gewalt ihr zentralstes Thema sind. Nach Luhmann ist Macht ordnungsstiftend und Machtstrukturen sind die grundlegenden konstituierenden Pfeiler eines Staates. Die "Institutionalisierung durchsetzbarer legitimer Macht" ist das wichtigste Merkmal des Aufbaus einer Gesellschaft.[121] Da die Dystopie, ebenso wie die ihr verwandten Gattungen allesamt in ihrer Grundform Staats- und Gesellschaftsentwürfe darstellen, sind sie explizite Darstellungen von Macht und Gewalt. Des Weiteren beinhalten "most dystopian societies [...] some sort of violence against their citizens,"[122] welche besondere Formen von Macht und Gewalt darstellen, die nun im Folgenden analysiert werden. Die Analyse der verschiedenen Formen und Arten von Gewalt soll hierbei von den Ausprägungen des Zwangs, der phyischen und psychischen Gewalt zum Überbegriff Macht führen - vom Speziellen ins Allgemeine. Zunächst werden personale Formen der Gewalt analysiert, um anschließend auf Fälle von struktureller Gewalt einzugehen.

3.1. Physische und psychische Gewalt

Physische und psychische Gewalt sind beide verwandte, jedoch unterschiedliche Ausprägungen von Gewalt als Zwang und damit von Gewalt als Macht. Ihre "exzeptionelle Stellung" für die Machtbildung führt dazu, dass der Betroffene, das "Opfer" dieser Gewalt diese nicht ignorieren kann und dass der Konflikt in dieser "asymmetrischen Beziehung" unausweichlich in einem Ausgang kulminiert.[123] Sie sind gleichzeitig aber auch die schwächsten Formen der Macht, der

---

[120] Fricke, Gerhard; Göpfert, Herbert G. (Hg). *Schiller, Friedrich. Sämtliche Werke.* Bd. 5. München: Carl Hanser, 1975: 542.

[121] Luhmann 17.

[122] Brosch 103.

[123] Luhmann 65.

Einflussnahme auf die Handlungsmöglichkeiten eines anderen, da sie relativ vorraussetzunglos funktionieren.[124] Die physische Gewalt versteht alle diejenigen Formen von Gewalt, in welcher ein Ego durch physischen Kontakt und durch eine direkte körperliche Handlung Einfluss auf einen Alter ausübt, dass diesem jegliche Handlungsmöglichkeiten genommen werden und er direkt fremdbestimmt wird, ohne die Möglichkeit zu haben, dies zu verhindern. Im Alltag wird mit dem Terminus Gewalt diese Art der Macht bezeichnet. Psychische Gewalt funktioniert strukturell in der gleichen Weise, sie reduziert die Handlungsmöglichkeiten eines Individuums auf Null. Dies wird nicht durch physischen Kontakt erreicht, sondern durch Einflussnahme auf die Psyche des Betroffenen. Ebenso wie die physische Gewalt tritt die psychische Gewalt in vielen unterschiedlichen, strukturell aber gleichen Erscheinungsformen auf: Etwa in Form von verbaler Gewalt, wie zum Beispiel Beleidigungen, von emotionaler Gewalt, wie beispielsweise Erpressung oder von so genannter "weißer Folter". Zwischen diesen Formen existieren stellenweise fließende Übergänge zur physischen Gewalt, wie im Fall der Folter. Auch kann psychische Gewalt ebenfalls langjährige Folgen hinterlassen, zum Beispiel in der Form von Traumata. Vereinfacht ausgedrückt ist eine Handlung stets dann psychische Gewalt, wenn sie einem Individuum etwas nimmt, dass dessen Psyche als wertvoll oder wichtig erachtet. Sei es Sicherheit, Gemeinschaft, Würde, Besitz oder die körperliche Unversehrtheit eines anderen Individuums. Beides sind jedoch Formen von personaler Gewalt.

"Wir" beschreibt einen Staat, der von bemerkenswert wenig physischer Gewalt geprägt ist. Selbst als die Revolution am Tag der Einstimmigkeit losbricht, wird relativ wenig physische Gewalt angewendet, zumindest enthalten die Beschreibungen des Protagonisten D-503 sehr wenig davon. Lediglich im letzten Absatz des Werkes wird konkret auf das Ausmaß physischer Gewalt und Zerstörung hingewiesen, wenn D-503, zu diesem Zeitpunkt bereits durch die "große Operation" "geheilt", daran denkt, dass es in den westlichen Vierteln "immer noch Chaos, Gebrüll, Leichen [und] Tiere"[125] gibt. Aktiv und beabsichtigt verwendet der Protagonist eigentlich nur einmal physische Gewalt, als er R-97 niederschlägt, um I-330 zu retten, welches ihn jedoch retrospektiv sehr beschämt (Vgl. Wir S. 98). Physische Gewalt, welche vom Staat ausgeht, wird zwar implizit angedeutet, da es wohl gewaltsame Konflikte zwischen Beschützern und Rebellen

---

[124] Vgl. Ebd. 63.

[125] Samjatin, Evgenji. *Wir.* Bremen: Leseklassiker, 2013: 153. Wird abgekürzt zu "Wir".

von MEPHI geben muss, diese werden jedoch nicht auserzählt. D-503 stoplert nur einmal über eine Leiche (Vgl. Wir S. 149). Auch wird nur indirekt angedeutet, dass die Beschützer D-503 mit Gewalt festnehmen und ihn der "großen Operation" unterziehen, wofür sie ihn "festbanden und operierten." Die Operation selbst ist ebenfalls ein drastischer physischer Eingriff, da ein Teil des Gehirns, jener, der für die Fantasie des Menschen zuständig sein soll, durch eine "dreimalige Bestrahlung" zerstört wird (Vgl. Wir S. 120). Diese letzte physische Gewalteinwirkung ist sogar so weitreichend, dass sie die komplette Persönlichkeit eines Individuums ändert. D-503 kann nach der Operation gar nicht glauben, dass alle vorangegangenen Aufzeichnungen von ihm stammen sollten (Vgl. Wir S. 152). Durch die vollständige Persönlichkeitsveränderung ergibt sich folglich eine vollständige Veränderung der Handlungsmöglichkeiten im Kommunikationsmedium Macht. Der Wohltäter lässt außerdem I-330 und andere Mitverschwörer in einer Glasglocke foltern, indem er daraus den Sauerstoff abpumpen lässt, sodass die Betroffenen ohnmächtig werden, um sie anschließend, ebenfalls gewaltsam, mit Stromschlägen wieder zu Bewusstsein zu bringen (Vgl. Wir S. 153). Auch werden I-330 und die anderen am nächsten Tag auf der "Maschine des Wohltäters" exekutiert werden, wie der Protagonist erklärt. Die Maschine des Wohltäters ist selbstverständlich ebenfalls ein Werkzeug zur physischen Gewaltanwendung, speziell sogar eines für den Mord. Der Mord beziehungsweise das Töten als physische Gewaltanwendung ist insofern ein Sonderfall, als dass es die Handlungsoptionen eines Individuums nicht nur zeitweilig auf Null begrenzt, sondern dauerhaft. In diesem Kontext ist es bemerkenswert, dass der Wohltäter von sich selbst und von D-503 als "Henker" bezeichnet wird. Er proklamiert: "Die wahre Liebe zum Menschen ist unmenschlich, und das Kennzeichen der Wahrheit ist ihre Grausamkeit!". (Wir S. 141) Ein Henker ist per Definition jemand, der physische Gewalt anwendet, um das Leben eines anderen zu beenden. Im Gegensatz zu einem Mörder ist dem Denotat "Henker" jedoch eine juristische Legitimation gemein.

Psychische Gewalt wird in "Wir" beispielsweise durch die Angst vor der Verfolgung dargestellt, die D-503 verspürt (Vgl. Wir S. 58), in Form von Eifersucht, die er auf R-97 und I-330 verspürt (Vgl. Wir S. 96) oder in Form von der Folter, der I-330 durch den Wohltäter unterzogen wird. Folter besteht üblicherweise aus Elementen physischer Gewalt und psychischer Gewalt. Der psychische Teil schränkt die Handlungsoptionen der Betroffenen drastisch auf zwei ein: Im Falle von I-330 sind dies: Ein Geständnis ablegen oder den physischen

Schmerz zu erfahren. Die Drohung der physischen Gewalt entspricht psychischer Gewalt.

"1984" bleibt einen Großteil des Buches über ebenfalls fast ohne Schilderungen körperlicher Gewalt aus. Die ersten beiden der drei Teile beherbergen bis auf die Bombenangriffe,[126] die öffentlichen Hinrichtungen von Kriegsgefangenen (Vgl. 1984 S. 24) und Winstons und Julias Verhaftung (Vgl. 1984 S. 201f) fast ausschließlich Formen psychischer Gewalt. Diese Ausprägungen sind Teile der Staatsgewalt und entspringen der Drohung von Folter und Liquidation durch die Thought Police und entsprechen meistens Befehlen und Gesetzen, die zu befolgen waren. Winston stellt fest, dass "nothing was illegal, since there were no longer any laws, but if detected [that he was in possession of a diary] it was reasonably certain that it would be punished by death." (1984 S. 9) Insofern gibt es ungeschriebene Gesetze, nicht nur über das, was man zu tun und zu lassen hatte, sondern sogar über die Dinge, die man zu denken hatte ("thoughtcrime" Vgl. 1984 S. 20). Jedes Individuum steht somit unter dem Zwang, sich staatskonform zu verhalten. Dies stellt jedoch eine strukturelle Gewalt und Gewalt als Staatsgewalt dar und wird in Punkt 3. 2. genauer behandelt. Festzuhalten sind hier jedoch Gelegenheiten, in welchen einzelne Individuen mit Staatsautorität Befehle ausüben, wie zum Beispiel eine Frau auf Winstons Telescreen, welche ihn auffordert, seine morgendliche, sportliche Routine durchzuführen (Vgl. 1984 S. 31). Am interessantesten für nachfolgende Analyse ist jedoch der dritte Teil des Romans, welcher fast ausschließlich aus der Folter Winstons besteht. Diese Folter Winstons konzipiert sich aus wechselnder physischer und psychischer Gewalt. Winston wird zunächst die Freiheit geraubt, dann sein Zeitgefühl und er bekommt kaum etwas zu Essen. Die ersten Folterungen entsprechen den aus Samjatins "Wir" und dienen dazu, dass Winston verschiedenste Verbrechen gesteht, die jedoch keinen Bezug zur Realität haben und dessen ist sich Winston auch bewusst. So gesteht er den Mord an seiner Frau, obwohl er weiß, dass diese noch lebt (Vgl. 1984 S. 220). Die physische Gewalt seiner Folter besteht aus den unterschiedlichsten Ausprägungen: "kicks in his ribs, in his belly, on his elbow, on his shins, in his groin, in his testicles, on the bone at the base of spine", "sometimes it was fists, sometimes it was truncheons, sometimes it was steel rods, sometimes it was boots" (1984 S. 218), "they slapped his face, wrung his ears, pulled his hair." (1984 S. 219) Gepaart werden diese mit psychischer Gewalt, mit "merciless questioning that went on and on, hour after hour" und wel-

---

[126] Orwell, George. *1984*. London: Penguin Books, 2000: 76. Abgekürzt 1984.

ches ihn dazu bringt, "from shame as from nervous fatigue" (1984 S. 219) zu weinen. Verschiedenste Kombinationen physischer und psychischer Gewalt führen dazu, dass er mit seinen Nerven am Ende ist, dass er großem psychischen Stress ausgesetzt ist. Diese Art der Folter, der Schmerzen, der Gedankenspiele und der Drogenverabreichung geht danach stetig in Gehirnwäsche über, besonders als O'Brian die Folter übernimmt. Dazu wird Winston auf eine Art Folterbank gefesselt, die auf Wunsch bestimmte Stärken an Schmerz induzieren kann (Vgl. 1984 S. 222). Die Gehirnwäsche ist selbstverständlich ebenfalls psychische Gewalt, da durch sie letzten Endes bestimmt wird, was Winston zu denken und zu glauben hat, nämlich zum Beispiel dass 2+2=5 ergibt (Vgl. 1984 S. 250) oder dass er Big Brother liebt (Vgl. 1984 S. 269). O'Brians intellektuell überlegene Indoktrination wird durch ständiges Zufügen von physischen Schmerzen begleitet. (Vgl. 1984 S. 222) Selbst der Verlauf des Dialoges unterliegt vollständig O'Brians Kontrolle, welches auch psychische Gewalt darstellt. Endgültig wird Winston gebrochen, als er in "Room 101" geführt wird. Dort wird ein Kasten mit Ratten vor Winstons Gesicht gesetzt. Diese Ratten sind rein objektiv bereits gefährlich, da O'Brian ihm damit droht, das Gitter zu öffnen, sodass die Ratten Winston das Gesicht zerstören würden. Doch darüber hinaus hat Winston eine Phobie vor Ratten. (Vgl. 1984 257f) Diese unmittelbare Bedrohung lässt Winston den letzten Widerstand, welchen er gegen das System im Form seiner Liebe zu Julia hat, aufgeben, als er darum fleht, dass diese Folter nicht ihm angetan werde, sondern ihr (Vgl. 1984 S. 259). Nachdem Winstons Wille gebrochen ist und er unter kompletter psychischer Kontrolle Big Brothers steht, was O'Brian, genau wie D-503 als "Heilung" versteht (Vgl. Wir S. 229), soll Winston "liquidiert" werden, um anschließend vollständig aus den Aufzeichnungen und selbst Erinnerungen seiner Mitmenschen zu verschwinden. O'Brian erklärt den Grund der Gehirnwäsche vor der Exekution damit, dass Menschen, die von einem Herrscher hingerichtet werden, sich bis zu Letzt der Herrschaft widersetzen können und damit nie vollständig und absolut kontrolliert werden können. Sie haben quasi stets eine Alternative zu Gehorsam, und wenn es den Tod bedeuten sollte. Deshalb, da Big Brother die völlig alternativlose und völlige Gewalt über jedes einzelne Individuum haben soll, muss zuerst der Wille gebrochen werden, der eine eigenständig gewählte Alternative zur Unterwürfigkeit möglich machen könnte. (Vgl. 1984 S. 231) Erst dann können sie exekutiert werden, was auch mit Winston geschehen wird.

In den kanonischen Dystopien ist fast die gesamte dargestellte physische und psychische Gewalt gegen den Protagonisten gerichtet. Winston und D-503, die beide den Wunsch haben, sich gegen das jeweilige System aufzulehnen, werden gewaltsam gefangen genommen und durch Gewalteinwirkung psychischer und physischer Natur in willenlose Subjekte des Staates verwandelt. Die Macht, die der jeweilige Gewaltherrscher über diese Individuen hat, ist am Ende absolut und vollständig. Der Rezipient erlebt die Ereignisse aus der Perspektive der Protagonisten und begleitet sie durch ihre Leiden, die wie bei D-503 schnell vorüber, oder wie bei Winston ein langwieriger Prozess sein können. Die Schmerzen, seien sie nun körperlich oder psychisch werden natürlicherweise von den Protagonisten und durch diese vom Rezipienten als unangenehm und schlecht wahrgenommen. Diese Wahrnehmung geschieht wohlgemerkt völlig ohne moralische Wertung und ist lediglich eine physische Tatsache. Auch wenn die Folterknechte und die Protagonisten selbst davon sprechen, geheilt zu werden und der ganze Text suggeriert, dass dies eine logische und richtige Konsequenz sein soll, so ist der Leser unzufrieden mit dem Leid der Figuren, da jedes Lebewesen, das Schmerzen empfinden kann, danach strebt, diese Schmerzen zu vermeiden. Und da der Rezipient diese Schmerzen durch den Protagonisten auf einer ästhethischen Ebene erlitten hat, lehnt er diese ab. Daraus folgt logischerweise, dass der Leser eine derartige Behandlung eines Menschen grundsätzlich ablehnt. Als Winston nach der Gehirnwäsche wieder Julia begegnet, erzählt sie ihm, dass auch sie genauso wie er gefoltert wurde (Vgl. 1984 S. 263), welches der Leser ebenfalls nicht gut heißt. Im Nukleus wird hier aus der zunächst wertefreien Gewaltdarstellung eine Moral abgeleitet, die dem Kantschen Imperativ entspricht. [127] Dadurch werden beide Formen der Gewalt als Zwang, physische und psychische Gewalt in den Texten als etwas moralisch Verwerfliches präsentiert, völlig unabhängig davon, mit welchem ideologischen Hintergrund diese Gewalt gerechtfertigt wird. Damit erfüllen diese Dystopien ihren Zweck "for developing an ethics for technologised modernity."[128]

In der Hunger Games-Trilogie widerfährt der Protagonistin ebenfalls viel körperliche und psychische Gewalt. Diese sind so mannigfaltig, dass nachfolgend nur ein paar Beispiele genannt werden können: Katniss wird "into custody" genommen, da sie ein Tribut ist,[129] zusammenzufassen sind die unzähligen Male,

---

[127] Vgl. Kant, Immanuel. *Kritik der praktischen Vernunft*. Hg. von Horst D. Brandt und Heiner F. Klemme. Hamburg: Meiner, 2003.

[128] Vgl. Jonas, Hans. *The Imperative of Responsibiltity*. Chicago: University of Chicago Press, 1979.

[129] Collins, Suzanne. *The Hunger Games*. London: Scholastic, 2008: 39. Abgekürzt mit HG.

in welcher sie während der beiden Hunger Games, an welchen sie teilnimmt, verletzt wird. Sie erfährt physische Gewalt, als sie bei der Eroberung der Untergrundfestung in District 2 angeschossen wird[130] oder als sie Verbrennungen bei dem Angriff auf die Kinder im Capitol erleidet (Vgl. MJ S. 391). Darüber hinaus wird sie Opfer von verschiedenster psychischer Gewalt: sie wird beispielsweise von President Snow erpresst, dass sie die Liebesbeziehung zu Peeta weiter spielt.[131] Doch im Gegensatz zu Winston und D-503 wird Katniss zuletzt nicht gefangen genommen und einer Gehirnwäsche unterzogen. Im Gegenteil, sie wird befreit und schließt sich der Untergrundrebellion aus District 13 an. Die Gefangennahme, Folter und Gehirnwäsche widerfährt Peeta (Vgl. MJ S. 200). Diese sind jedoch nur temporär, da Peeta befreit und geheilt wird. Doch Peeta ist nicht das einzige Beispiel einer Person, der abgesehen von der Protagonistin psychische und vor allem physische Gewalt angetan wird: Allen Teilnehmern der Hunger Games, von welchen die meisten getötet werden, allen Bürgern aller Distrikte, da diese einmal vor der Revolution immer wieder mit personaler Gewalt der Autoritäten zu tun bekommen und zum anderen auf eine oder andere Art nach der Revolution in den Bürgerkrieg verwickelt werden, widerfährt Gewalt als Zwang. Werden sie nun getötet, verletzt, vertrieben, gefangen genommen, alles sind Beispiele für physische und psychische Gewalt. Das Gleiche trifft aber auch auf die Bewohner des Capitols zu: Sie werden von Katniss oder anderen Rebellen getötet (Vgl. MJ S. 354), von Peacekeepern angeschossen (Vgl. MJ S. 382) und sie werden aus ihren Häusern vertrieben (Vgl. MJ S. 374). Selbst die Anführerin der Rebellen und Präsidentin des District 13, Alma Coin wird von Katniss getötet (Vgl. MJ S. 418). Der Präsident Panems, Snow, wird, wenn auch vermutlich nicht getötet, so zumindest gefangen genommen (Vgl. MJ S. 400) und stirbt. Selbst Katniss' kleine Schwester, die als Beispiel für Unschuld und Gutmütigkeit fungiert und für wessen Schutz Katniss sich erst freiwillig für die Hunger Games gemeldet hat (Vgl. HG S. 25), wird in einem Einsatz als Krankenschwester vor den Augen der Protagonistin getötet (Vgl. MJ S. 391), was für diese auch wiederum psychische Gewalt ist. Somit wird jeder einzelne Charakter der Hunger Games Trilogie Opfer von personaler, psychischer und physischer Gewalt. Bis auf einen, nämlich Plutarch Heavensbee. Er ist der

---

[130] Collins, Suzanne. *The Hunger Games: Mockingjay.* London: Scholastic, 2010: 242. Abgekürzt mit MJ.

[131] Collins, Suzanne. *The Hunger Games: Catching Fire.* London: Scholastic, 2009: 32. Abgekürzt mit CF.

"Head Gamemaker" (Vgl. CF S. 93) der zweiten Hunger Games, jedoch auch der Revolution. Er "has been for several years part of an undercover group aiming to overthrow the Captitol" (Vgl. CF S. 432) und damit Drahtzieher der gesamten Revolution. In 3. 2. dieser Arbeit wird der Staatsentwurf Panems behandelt, welcher President Snow als mächtigste Person in das Machtzentrum dieses Staates positioniert. Dies trifft für den Staatsentwurf zu, jedoch stellt sich im Verlauf der Handlung heraus, dass tatsächlich Plutarch Heavensbee das mächtigste Individuum ist. Seine Involvierungen in alle Planungen und seine unsichtbaren Einflussnahme auf verschiedenste, andere mächtige Personen wie Alma Coin (Vgl. z.B. MJ S. 46), die Tatsache, dass er nie Opfer von personaler Gewalt wird, dass er nie die Fassung verliert, immer in a "good mood" zu sein scheint (Vgl. MJ S. 425) und ausschließlich einflussreiche Posten inne hat ("head gamemaker" MJ S. 123, "secretary of communications" MJ S. 425) suggeriert, dass alles stets nach seinem Plan verläuft. Er "master-minded the rebel break-out" (Vgl. MJ S. 57) und plant im Grunde genommen den gesamten Verlauf der Rebellion (Vgl. MJ S. 93). Katniss macht auch die Feststellung, dass "Plutarch is a Head Gamemaker, not a member of the crew. Not a piece in the Games. [...] When we win the war, that's when Plutarch will take his bow." (Vgl. MJ S. 123) Weder Präsidentin Alma Coin noch Snow, die "power players" (Vgl. MJ S. 66) überleben die Rebellion (Vgl. MJ S. 418) und müssen somit offensichtlich selbst in einem Kommunikationssystem Macht in der Rolle des Betroffenen gewesen sein. Über Plutarch hat nie jemand Macht ausgeübt. Weder President Snow, da Plutarch bereits seit Jahren der Untergrundbewegung angehörte, noch President Coin und auch Katniss nicht, auch wenn alle drei dieser Meinung sind (Vgl. MJ S. 121). Katniss erkennt am Ende die Macht, die Plutarch hat, wenn sie ihn fragt "Are you preparing for another war, Plutarch?" (Vgl. MJ S. 426) Sie fragt nicht, ob die neue, demokratische Regierung einen Krieg plant oder die neue Präsidentin Paylor, sondern ob Plutarch das tut. Plutarch will nie im Mittelpunkt stehen und symbolisch als Präsident die Macht inne haben, er hat "no need to share in the credit" (Vgl. MJ S. 123), er besetzt stets Posten in der zweiten Reihe der Befehlskette, hat aber die wahre Gewalt als Macht in Händen. Diese Feststellung, die Plutarch an die Spitze der komplexen Kommunikationssysteme der Macht in der Hunger Games Trilogie setzt, mag auf den ersten Blick in keinem Zusammenhang mit der Analyse der physischen und psychischen Gewaltdarstellungen stehen. Während jedoch in den kanonischen Dystopien die Darstellungen dieser Gewalt als Zwang entscheidend sind, so ist in Hunger Games die Figur von Bedeutung, die als einzige keiner Gewalt in Form von Zwang zum Opfer fällt, weshalb dies Gegenstand der Untersuchung ist. Während die Dystopien wie "1984" oder "Wir" dazu dienen, textimmanent, wie obig beschrieben, die personale Gewalt, also den Zwang moralisch zu verurteilen, so baut Hunger Games bereits auf diese etablierte Erkenntnis auf, da diese erst wenige Jahre alte Dystopie sich ihrer literarischen Vorläufer bewusst ist. Zwar baut das Werk über die Leiderfahrungen der Protagonistin strukturell gleich die textimmanente, moralische Ablehnung von Gewalt als Zwang auf und weitet dies auf alle anderen Individuen dadurch aus, dass diese gleiche beziehungsweise ähnliche Leiderfahrungen wie Katniss machen, jedoch steht diese Entwicklung, im Gegensatz zu den kanonischen Dystopien, nicht im Mittelpunkt. Im Fokus steht die Allgegenwart der physischen und psychischen Gewalt, die Tatsache, dass sie jeden trifft beziehungsweise treffen kann. Und noch wichtiger: Die Tatsache, dass diese Zwänge stets medial überwacht werden, stets übertragen und gefilmt werden und dass die körperliche Gewalt und psychische Demütigungen und Zwänge vervielfacht werden, indem sie der Öffentlichkeit als Unterhaltung dargeboten werden, wie in Form der Hunger Games selbst oder der "propaganda shot", kurz "propos" (Vgl. MJ S. 49), die die Rebellen und das Capitol im Propaganda-Krieg gegeneinander produzieren, um die Gewalttaten des jeweils anderen zu dramatisieren. Durch die mediale Ausbeutung des physischen oder psychischen Gewaltaktes, zu welchem Zweck auch immer, wird dem Opfer grundsätzlich zusätzlich psychische Gewalt angetan, sofern es nicht mit der Verwendung dieses Bildmaterials einverstanden ist. Denn durch das öffentliche zur Schau stellen einer physischen oder auch psychischen Demütigung eines Opfers, wird dessen Würde erneut verletzt.[132] Die Kritik an der physischen und psychischen Gewaltausübung der kanonischen Dystopien wird somit in der modernen Dystopie um die Kritik an einer Metaebene der psychischen Gewalt ergänzt. Da eine Dystopie zeitgenössische, gesellschaftliche Tendenzen spiegelt und extrapoliert,[133] hat sich die Kritik von der grundsätzlichen moralischen Verwerflichkeit von Gewalt als Zwang um die mediale Ausbeutung ihrer Darstellungen, welche diese Verwerflichkeit meist sogar als Prämisse verwendet, erweitert.

---

[132] Die meisten Darstellungen von real verübter Gewalt werden heutzutage aus Rücksicht auf die Würde des Opfers zensiert. Vgl. Horst 11.

[133] Vgl. Layh 16.

3.2. Staatsgewalt

Literarische Dystopien sind, wie bereits erwähnt, stets Staatsentwürfe. Damit steht Aufbau und Organisation dieses Staates immer im Vordergrund.

In Samjatins "Wir" wird der "Einzige Staat" in Form eines Tagebuchs des Protagonisten D-503 beschrieben. D-503 verfasst das Tagebuch als Teil der "Traktate, Poeme, Manifeste, Oden" oder anderen Schriftstücke, welche eine Rakete, die Integral, ins Weltall tragen soll und die den Einzigen Staat preisen sollen (Vgl. Wir S. 1). Der Staat ist hierarchisch aufgebaut; an seiner Spitze steht der Wohltäter, in welchem die gesamte Macht des Staates kulminiert. Seine Macht wird durch Staatsorgane wie verschiedene Ämter (Schutzamt, Gesundheitsamt) aufrechterhalten, aber auch von "Beschützern", eine Staatspolizei, die den Willen des Wohltäters durchsetzt und darüber wacht, dass sich alle Bürger des Staates an die aufgestellte Ordnung halten. Dieses System der Aufrechterhaltung der Macht wird an den Taylorismus ("das System Taylors" Wir S. 119) angelehnt, und beschreibt die wissenschaftliche und wirtschaftliche Effizienzmaximierung von Produktionsstrukturen, ganz genau wie der Fordismus in "Brave New World", welcher auf dem gleichen Prinzip beruht.[134] Die Bürger, die einfach nur "Nummern" genannt werden, weil sie keine Namen besitzen, haben einen fast völlig festgelegten Tagesablauf. Die Gesetzestafel, welche "Herz und Puls des Einzigen Staates" (Wir S. 8) ist, reglementiert den genauen Tagesablauf eines jeden Individuums. "Jeden Morgen stehen wir, Millionen, wie ein Mann zu ein und derselben Stunde, zu ein und derselben Minute auf." (Wir S. 8) Lediglich zwei bestimmte Stunden am Tag werden als "persönliche Stunden" (Wir S. 9) zur freien Verfügung gewährt. Dies stellt jedoch lediglich eine Anomalie dar, welche der menschlichen Natur geschuldet sei und D-503 hofft, dass diese auch beseitigt werden wird. Der "unzivilisierte Zustand der Freiheit" (Wir S. 1) wird nämlich als nicht dem System zugehörig verstanden. Somit konstituiert sich das System des Einzigen Staates dadurch, dass jedes Individuum die Entscheidung über die meisten Handlungen im Rahmen des Kommunikationssystems Macht indirekt durch verschiedene Staatsorgane und Staatsdoktrin an den Wohltäter abgibt. Symbolisch legitimiert wird diese Abgabe der Macht durch den "Tag der Einstimmigkeit", an welchem alle Nummern den Wohltäter für ein weiteres Jahr zum Staatsoberhaupt "wählen". D-503 bezeichnet es selbst als "symbolisch" und vergleicht alle Nummern mit "Zellen" eines "einzigen, gewaltigen Organismus," die "IHM [dem Wohltäter] die Schlüssel zu der unbezwinglichen Feste unseres

---

[134] Vgl. Voigts 155.

Glückes [...] übergeben" (Vgl. Wir S. 92f). Der Wohltäter hat somit freie Verfügung über die Handlungen jeder einzelnen Nummer und damit nach Luhmann die ganze Macht. Selten muss er zu Zwang und zu physischer oder psychischer Gewalt greifen, wie als er D-503 verhaftet und der Zwangsoperation unterzieht, welche wiederum selbst Zwang darstellt, da durch jene Operation die Fähigkeit zur Fantasie amputiert wird und damit buchstäblich die möglichen Handlungsoptionen eines Individuums begrenzt werden. Oder als der Wohltäter I-330 gefangen nimmt und sie in einer Glasglocke foltert und anschließend zu Tode verurteilt. (Vgl. Wir S. 152f.) Die Todesurteile werden in der "Maschine des Wohltäters" vollstreckt, welches auch ein Werkzeug zur endgültigen Gewaltausübung darstellt.

In 1984 gibt es ebenfalls einen absoluten Herrscher, welcher an der Spitze des Staates steht und die gesamte Macht in sich vereint, Big Brother. Doch im Gegensatz zum Wohltäter, welcher ein tatsächlich lebender Mensch ist, tritt Big Brother nie persönlich auf und wirkt stets nur durch Poster, die Telescreens oder seine Untertanen wie O'Brian. Im Roman wird die Frage gestellt, ob Big Brother überhaupt noch lebt oder gar je existiert hat. O'Brian erklärt Winston während der Folter, dass Big Bother existiert: "Of course he exists. The party exists. Big Brother is the embodiment of the party" und auf die Frage, ob er jemals sterben wird "Of course not. How could he die?" (1984 S. 235) Es wird darauf angespielt, dass Big Brother nur das projizierte Bild der Inner Party darstellt, die als oligarchisches Kollektiv die Macht des Staates besitzt. Doch wie die Inner Party aufgebaut ist, wie sich die Machtstrukturen unter diesem Personenkreis verteilt bleibt gänzlich unbeantwortet. Symbolisch vereint Big Brother die gesamte Macht, wie auch der Wohltäter bei Samjatin in sich. Die überspannende Ideologie, die die Machtverteilung ordnet, nennt sich IngSoc.[135] Der Staat, Oceania, gliedert sich ebenfalls hierarchisch, mit Big Brother an der Spitze, gefolgt von der Inner Party, der Outer Party und den Proles, welche den Großteil der Bevölkerung ausmachen. Einer der party slogans lautet "Proles and animals are free," (1984 S. 66) was bedeutet, dass diese Unterschicht nicht im gleichen Maße dem Diktat der Party unterworfen ist wie der Rest der Bevölkerung. Die party members, deren "ownlife" (1984 S. 75), ein negativ konnotiertes Wort in newspeak für "individualism and eccentricity", aussschließlich aus "working, eating or sleeping" oder "some kind of communal recreation" (1984 S. 75) besteht und deren Tagesablauf vollständig über ihre telescreens überwacht und geregelt wird,

---

[135] Vgl. Layh 157.

sind, genau wie die Nummern aus Samjatins Werk vollständig in die Macht-struktur des Staates verflochten. In 1984 geht die Kontrolle noch weiter und die Macht manifestiert sich in wesentlich stärkerem Maße: Oceania erweitert seinen Einfluss auf die Handlungsmöglichkeiten der Individuen sogar auf ihre persön-lichsten Gedanken aus. Thoughtcrime, das ständige Umschreiben der Vergan-genheit und newspeak sind Mittel, um auch die Verstandeswelt, die Gedanken und Erinnerung jedes Individuums zu kontrollieren und zu beeinflussen. ("We, the party, control all records and we control all memories" 1984 S. 225). In Rela-tion dazu hat die Party wenig Macht über die proles. Diese stellen zwar durch Armut und Bildungsferne keinerlei politische Herausforderung dar, jedoch ist die Gewalt der Party über sie anderer Art. Während nach Luhmann Big Brother eine unglaublich elaborierte Bandbreite an Möglichkeiten hat, Einfluss auf die Individuen der Inner und Outer Party auszuüben, so ist die Gewalt über die pro-les primitiverer Natur: Diese Gewalt zeichnet stellt sich durch eine Limitierung an Ressourcen wie Nahrung, Bildung oder Sicherheit[136] als Zwang heraus: Den proles werden Handlungsmöglichkeiten direkt gewaltsam genommen, sodass ein Aufstand oder kritisches Denken einfach nicht im Rahmen ihrer Möglichkeiten liegt, obwohl Winston konsterniert, dass "If there is hope, [...] it lies in the pro-les." (1984 S. 75) Der Einfluss des Staates geht noch ein wenig darüber hinaus, die strukturelle Gewalt wird um Medien erweitert, die der Staat den proles zu-kommen lässt. Lieder und Groschenromane werden zur Unterhaltung der Unter-schicht ausgegeben, auch wird eine fiktive Lotterie organisiert (Vgl. 1984 S. 78), um ihnen die Illusion eines sozialen Aufstiegs zu geben. Somit handelt es sich nicht ausschließlich um Gewalt als Zwang, jedoch ist die Macht über die proles signifikant geringer als über die party members. Diese sind jedoch unfähig, sich zu wehren, da sie "never even become aware that they are oppressed." (Vgl. 1984 S. 187) Die Macht des Staates ist jedoch nicht gänzlich absolut, auch wenn mehrfach angedeutet wird, dass sie in Zukunft diesen Zustand erreichen wird. In Personen wie Winston oder Julia wird es offensichtlich, dass sich einige Men-schen noch der Machtausübung des Systems widersetzen können, "however se-cret and powerless it may be" (1984 S. 231). O'Brian bezeichnet sie als "flaw in the pattern, [...] a stain that must be wiped out." (1984 S. 230f) Der Staat muss auf Freiheitsentzug, physische und psychische Folter und damit alle Extremfor-men von Gewalt zurückgreifen, um diese Anomalien zu beseitigen. Dies wird

---

[136] Die Gefahr von "streamers", Bomben, getroffen zu werden ist stets vorhanden, Vgl. 1984 S. 76.

vollständig erreicht, da das System nicht einfach nur die aufständischen Menschen körperlich auslöscht oder aus dem kollektiven und individuellen Gedächnis aller verbannt, sondern sogar aus den betreffenden Menschen selbst. So erklärt O'Brian Winston, dass "[they] convert him, [...] capture his inner mind, [...] reshape him." (1984 S. 231) Nach der vollständigen Gehirnwäsche wird dieses Subjekt "hollow" sein: "We shall squeeze you empty, and then we shall fill you with ourselves." (1984 S. 232) Somit würde der Staat und Big Brother perfekte und absolute Gewalt über dieses Individuum errungen haben, bis zu einem Punkt, an welchem es de facto seine Individualität verloren hat und letztendlich von nichts weiter erfüllt ist als von Liebe zu Big Brother (Vgl. 1984 S. 269). Das geht mit der Ideologie IngSoc konform, welche unter anderem den Slogan "Freedom is slavery" (Vgl. 1984 S. 27, 94, 239 u.a.) beinhaltet. Der Idealzustand der Macht, wie ihn O'Brian beschreibt, muss in der Entindividualisierung enden: "Power is collective. The individual only has power in so far as he ceases to be an individual," weshalb "complete, utter submission" notwendig wird. (S. 1984 239) Er stellt fest, dass die "power over matter" "already complete" ist, was noch zur Perfektion der absoluten Macht fehlt, ist die "power over human beings. Over the body – but, above all, over the mind." (S. 1984 239) Damit konstruiert Orwell in seinem Roman die perfekte, absolute Gewalt über die Menschen, welche so weit jeglicher individuellen Entscheidungsfähigkeit beraubt werden, dass sie als Partner in dem Kommunikationsmedium Macht quasi aufhören zu existieren und zu einem externen Teil des Macht ausübenden Kommunikationspartners werden. Während im Grunde genommen ein Individuum entscheiden kann, ob es sich der Macht beugt, ob es dem Befehl des Kommunikationspartners folgt oder nicht, wird selbst diese Entscheidung den Menschen entzogen. O'Brian stellt dies ebenfalls fest: "Obedience is not enough." (S. 1984 S. 241) Samjatins Wohltäter, sowie Orwells Big Brother erreichen vollständige Kontrolle über den Einzelnen, sobald sie dessen Individualität durch einen gewaltsamen physischen und psychischen Eingriff beseitig haben. Winstons "struggle was finished" und D-503 ist "wieder gesund, völlig gesund", nachdem sie vollständig jedweden Widerstands gegen das System beraubt wurden.

Der Staat Panem in Suzanne Collins "Hunger Games" Büchern besitzt ebenfalls einen absoluten Gewaltherrscher, nämlich President Snow, welcher wie der Wohltäter eine tatsächliche Person ist und auch mit der Protagonistin mehrmals in Kontakt tritt. Auch Panem ist hierarchisch strukturiert. President Snow steht als Alleinherrscher an der Spitze, das Capitol ist die Hauptstadt und gleichzeitig die Bezeichnung für die reiche, privilegierte und technologisch überlegene

Oberschicht, welche dort lebt und aus welcher sich alle einflussreichen Posten des Staates rekrutieren. Nach dem Capitol kommen die zwölf, ehemals dreizehn Distrikte, die jedoch untereinander ebenfalls hierarchisch geordnet sind. Diese Hierarchisierung macht sich durch die absteigende Nummerierung der Distrikte erkennbar. So ist District 1 das Wohlhabendeste der Distrikte, wohingegen District 12 das Ärmste ist (Vgl. HG S. 96). Den Distrikten sind darüberhinaus noch spezielle Aufgaben zugeordnet; so wird in Distrikt 12 Kohle geschürft oder in District 1 Luxusgüter hergestellt (Vgl. HG S. 79). District 2 spielt dabei noch eine Sonderrolle, da es einen bedeutenden Part in der Sicherstellung der Macht des Capitols darstellt. Aus District 2 werden die meisten Peacekeeper, die Soldaten und die Staatspolizei wie Samjatins Beschützer rekrutiert und dieser Distrikt "embraced their [the Capitol's] ways" und "swallowed the Capitol's propaganda more easily." (Vgl. MJ S. 217) Dennoch wird auf diesen Distrikt genau wie auf alle anderen bestimmte Formen von Gewalt ausgeübt, um den Staat aufrecht zu erhalten. Panem scheint viel weniger mächtig als Oceania oder der Einzige Staat. Zum einen fehlt Panem eine distinktive Ideologie, außerdem gelingt es Snow und dem Capitol nicht, bis auf die Gehirnwäsche Peetas (Vgl. MJ S. 200f), ihren Einfluss auf die Psyche der Menschen auszuweiten, die sich stets bewusst sind, dass sie "slaves" sind (Vgl. MJ S. 217). Snow muss deshalb auf strukturelle Formen der Gewalt zurückgreifen, die der Gewalt als Zwang entsprechen: Zum einen besitzt er einen sehr weit reichenden Überwachungsapparat. Kameras sind ein elementarer Bestandteil des Staates Panem und dem Präsidenten scheint keines von Katniss' Geheimnissen unbekannt zu sein. So weiß er nicht nur von ihren geheimen Jagdausflügen, sondern auch von ihrer Beziehung zu Gale (Vgl. CF S. 27). Das Capitol ist somit praktisch über alle Aktivitäten in den einzelnen Distrikten informiert und besitzt die Möglichkeit, dagegen vorzugehen, wenn sie es für sinnvoll erachten. Diese stete Bedrohung, dass alle illegalen Aktivitäten gesehen werden können, woraufhin die Peacekeeper eingesetzt werden können, ist eine sehr exemplarische Form von Zwang. Aber auch die große Armut und die künstliche Nahrungsmittelknappheit sind, wie auch in Oceania mit den proles, ein Mittel der Unterdrückung. Gerade District 12 wird als so arm beschrieben, dass Verhungern keine unübliche Todesursache ist (Vgl. HG S. 4). Diese Abhängigkeit von der Gnade des Capitols führt ebenfalls dazu, dass die Handlungsmöglichkeiten der Menschen aus diesen Distrikten limitiert werden und ist ein weiteres Beispiel für Zwang. Als letztes, ergänzendes Mittel, um die Kontrolle über die Distrikte aufrecht zu erhalten und als Vervollständigung eines Triumvirats an Zwängen hat das Capitol die Hunger Games eingeführt. In den Hunger Games entsendet jährlich jeder Distrikt zwei Kinder, männlichen und weiblichen Geschlechts zur Teilnahme an den Hunger Games. "The twenty-four tributes will be imprisoned in a vast outdoor arena [...]. Over a period of several weeks, the competitors must fight to the death. The last tribute standing wins." (HG S. 21) Katniss beschreibt diese Maßnahme als "punishment" für einen gescheiterten Aufstand der Distrikte gegen das Regime in der Vergangenheit und als Erinnerung "how totally we are at their mercy." (HG S. 21) Gleichzeitig stellt das Capitol jedoch dem Distrikt, aus welchem der Gewinner hervorgeht als Preis viele Nahrungsmittel zur Verfügung, wie Getreide, Öl und sogar "delicacies like sugar" (HG S. 22). Diese drei Zwänge, die, jeder für sich, im Kommunikationssystem Macht die Handlungsmöglichkeiten der Individuen einschränkt, festigen zusammen genommen die gesamte Gewalt des Capitols. Aufgrund der Armut und des Hungers bleiben den Menschen nicht viele Möglichkeiten, um an Nahrungsmittel zu kommen. Lediglich wenige Menschen, die die Fähigkeiten und den Mut haben, heimlich Jagen zu gehen, wie Katniss und Gale (Vgl. HG S. 6), können sich selbstständig Nahrungsmittel verschaffen, obwohl dies eigentlich auch illegal ist. Der Großteil ist von den Nahrungsmitteln abhängig, die das Capitol liefert. In Kombination mit einem sehr potenten Überwachungsapparat, der jegliche unerwünschte Aktivität dokumentieren kann, sowie die Bedrohung einer einsatzbereiten Armee der Peacekeeper sind die Bürger dem Willen des Capitols und damit letztendlich President Snows ausgeliefert. Als letzter Baustein in diesem Flechtwerk aus Zwängen kommen die Hunger Games hinzu, welche im Grunde genommen jeden Distrikt zwingen, jährlich zwei seiner Kinder zu opfern, nur um die hypothetische Möglichkeit zu bekommen, die dringend benötigten Nahrungsmittel zu gewinnen. Und nicht nur das: Das Capitol bringt die Distrikte sogar dazu, gegeneinander zu kämpfen, um den Eindruck zu erwecken, zwischen jedem Distrikt und einer gesicherten Nahrungsmittelversorgung stehe nicht die Gnade des Regimes, sondern die jeweils anderen Distrikte. Und dabei bleiben sie so machtlos, dass sie sich nicht dagegen wehren können und gezwungen sind, teilzunehmen. Doch die Hunger Games erfüllen nicht nur den Zweck der Unterdrückung der Distrikte. Somit will das System eine künstliche Rivalität zwischen den Distrikten schaffen, damit sie sich nicht gemeinsam gegen das Capitol stellen können. Die Distrikte sind jedoch nicht die gesamte Bevölkerung Panems, die President Snow kontrollieren muss, um an der Macht zu bleiben. Snow muss gleichzeitig seine Macht über die einflussreiche Oberschicht des Capitols sichern. Dies erreicht er nicht durch simple Zwänge, wie in den Distrikten, obwohl ihm die Möglichkeit offen steht, die Peacekeepers auch im Captiol einzusetzen, was er zum Höhepunkt der Revolution auch tun muss (Vgl. MJ S. 377). Sein Einfluss auf die Bevölkerung des

Capitols ist größer und nach Luhmanns Verständnis von Macht besitzt er mehr Macht über sie. Denn damit diese Menschen freiwillig ihre "political responsibilites and therefore their power" (MJ S. 223) aufgeben, überschüttet er sie, quasi im Austausch, mit Luxus und Unterhaltung. Plutarch Heavensbee erklärt Katniss in diesem Kontext den lateinischen Ursprung des Namens von Panem: "Panem et Circenses translates into 'Bread and Circuses'," (MJ S. 223) also Brot und Spiele, das bekannte, alt-römische Prinzip. Das Mittel zur Machterhaltung in den Distrikten, die mangelnde Versorgung mit Nahrungsmitteln führt zur Machterhaltung im Capitol, zu dem "excess of food." Ebenso die Hunger Games an sich. Während sie als Zwang für die Distrikte fungieren, sind sie "the ultimate entertainment" für das Capitol. (MJ S. 223) Die Maßnahmen der Machterhaltung, die militärische Macht, die Umverteilung von Nahrungsmitteln und die Hunger Games sind somit im Capitol, wie auch in den Distrikten effektiv. Doch im Gegensatz zu Oceania, das bestehen und dem Einzigen Staat, dessen Ende offen bleibt, geht Panem letztlich unter und auf dieses folgt eine Demokratie (Vgl. MJ S. 93).

Die Staatssysteme in den Dystopien streben also nach einem Ideal von perfekter, absoluter Macht. Thomas Hobbes stellte in "Leviathan"[137] eine Theorie vom Aufbau des Staates auf, die in gewisser Weise in den Dystopien seinen Widerhall findet und Grundlage realer Staatssysteme ist. Hobbes imaginiert den Staat als das mystische Lebewesen des Leviathans, das über den Menschen hinaus geht. Die Macht des Leviathans hingegen ist die kulminierte, abgegebene Macht aller Individuen, die ihn ausmachen. Der Staat beginnt erst zu existieren, wenn die einzelnen Individuen einige ihrer Freiheiten zu Gunsten der höheren Ordnung abgeben. Dieses Prinzip der Staatstheorie findet in der außerfiktionalen Realität regelmäßig Anwendung und ist de facto die Art und Weise, wie heutige Staaten ihre Existenz begründen. Dabei ist es zweitrangig, wie die Staaten den Besitz dieser Macht legitimieren (Wahlen etc.). Die kanonischen Dystopien sind in dieser Hinsicht ein Weiterdenken dieses Prinzips. Der perfekte Staat fordert immer mehr Freiheiten der Individuen ein, bis diese völlig entindividualisiert werden und nichts weiter als einzelne, undifferenzierte Teile des Systems werden, D-503 beschreibt es als "Millionen Zellen", die einen "einzigen, gewaltigen Organismus bilden" (Wir S. 92f), O'Brian erklärt Winston: "power is collective.

---

[137] Vgl. Hobbes, Thomas. *Leviathan oder Stoff, Form und Gewalt eines kirchlichen und bürgerlichen Staates. Teil I und II, Rückblick und Schluß.* Hg. v. Lothar R. Waas, übers. v. Walter Euchner. Berlin: Suhrkamp, 2011.

The individual only has power in so far as he ceases to be an individual" (1984 S. 239). In literarischen Dystopien wird das Phänomen der realen, außerfiktionalen Staatsgewalt, so wie es als gattungstypisch für Dystopien festgestellt worden ist, gespiegelt und extrapoliert[138] und in seiner Konsequenz zu Ende auserzählt. Die literarischen Dystopien erzählen die Geschichte eines Individuums, das gegen dieses Prinzip seine Freiheiten verteidigen möchte, und üblicherweise darin scheitert, was mit großen Leiderfahrungen einher geht. Wie bereits in Punkt 3. 1. festgestellt, werden diese als moralisch verwerflich wahrgenommen. Aus dieser Verwerflichkeit wird dann die Verwerflichkeit der Praktiken dieses Systems abgeleitet und, da diese Gewalt als Zwang untrennbar mit dem System ist, auch die Verwerflichkeit des Systems an sich. Auf diese Weise funktionieren die literarischen Dystopien als Kritik an diesem Prinzip und warnen vor einer immer größeren Macht des Staates.

Doch Panem funktioniert ein wenig anders: Die Macht des Staates ist signifikant geringer als die der Staaten Oceania und des Einzigen Staates. Die Gewalt Panems über ihre Bürger ist nicht so absolut wie in den Staaten der kanonischen Dystopien. Der Großteil der Gewalt Snows über die Bürger Panems ist physischer und psychischer Natur, also Gewalt als Zwang. Die meisten Menschen sind unfreiwillig Subjekte des Staates und rebellieren, sobald sie die Chance dazu sehen. Das heißt, dass erstens die Macht Snows nach Luhmann geringer ist, da er seine Herrschaft nur durch Zwang aufrecht erhalten kann und zweitens ist sie geringer, da er letztlich nicht verhindern kann, dass die Menschen sich doch gegen die Unterwerfung entscheiden und die gewalttätigen Konsequenzen tragen, was jedoch letztlich zum Scheitern des Staates führt. Zwar bricht auch im Einzigen Staat eine Revolution aus, aber mit der Großen Operation, die Individuen einzeln zu willenlosen, perfekten Untertanen macht, ist deren Erfolg ganz und gar nicht gesichert, sondern wirkt wie ein verzweifeltes Rennen gegen die Zeit. Außerdem empfinden sich viele Individuen, wie beispielsweise D-503 zu Anfang nicht unfrei beziehungsweise unterdrückt, wenn er Loblieder auf den Staat verfasst (Vgl. Wir S. 1). Die Hunger Games-Trilogie ist eine offene Dystopie, in welcher der totalitäre Staat überwunden wird. Während die kanonischen Dystopien das Ende des Widerstands gegen das unrechte System als Warnung präsentieren, so geht Hunger Games den umgekehrten Ansatz und beschreibt den Erfolg der Rebellion über das System. Dazu wird nun im Folgenden die Bewertung der Gegengewalt analysiert.

---

[138] Vgl. Layh 16.

3.3. Gegengewalt

Der Begriff "Gegengewalt" versteht die Gewalt des Unterdrückten und Diskriminierten gegen den Unterdrückenden, mit dem Ziel, die etablierte, beherrschende Gewalt zu beenden.[139] Nach Luhmann wäre dies der Versuch des unterlegenen Kommunikationspartners, den auferlegten Zwang zu unterbinden, indem versucht wird, selbst Macht auf den anderen Partner auszuüben, in den meisten Fällen physische und psychische Gewalt. Dies entspricht üblicherweise bei personaler Gewalt in Form der so genannten Notwehr oder Selbstverteidigung auf oder wenn sie gegen strukturelle Gewalt, wie beispielsweise der soeben behandelten Staatsgewalt gerichtet ist, in Form von Widerstand, Rebellion und Revolution auf. Ein wichtiges Merkmal der Gegengewalt ist, dass sie aufgrund ihrer Natur meistens nicht gegen den Machtausübenden direkt ausgeübt wird, sondern gegen Werkzeuge seiner Machtausübung. Das können Menschen sein, aber auch Kommunikationsstrukturen oder physische Konstrukte. Da eine Dystopie nicht nur "around the construction of a narrative of the hegemonic order", also dem Staatsentwurf aufgebaut ist, sondern gleichzeitig immer auch um "a counter-narrative of resistance," ist Gegengewalt ein wichtiger Teil der Dystopien[140] und deshalb wichtiger Gegenstand der Analyse.

In "Wir", sowie "1984" wird keinerlei Gewalt gegen den Gewaltherrscher direkt ausgeübt, weil dieser jeweils außerhalb des Einflussbereichs der Gegengewalt Ausübenden bleibt. Bei Samjatin gibt es die Widerstandsbewegung "Mephi", welches wohl eine Abkürzung von "Mephistoteles" sein soll (Vgl. Wir S. 111). Ihr gehören I-330 und einige andere an. Ihr Ziel ist es, die Integral zu stehlen, die Grüne Mauer einzureißen und den Einzigen Staat zu stürzen. Der Diebstahl der Integral scheitert (Vgl. Wir S. 135) zwar, Teile der Grünen Mauer werden aber eingerissen (Vgl. Wir S. 144). Mit dem Einriss der Mauer beginnt die eigentliche Revolution, bei welcher die Rebellen beginnen, die Stadt zu zerstören (Vgl. Wir S. 151) und dabei Gewalt gegen die Operierten und die Beschützer anwenden, da D-503 Leichen antrifft (Vgl. Wir S. 149).

In "1984" heißt die organisierte Gegenbewegung "The Brotherhood" (Vgl. 1984 S. 155). Da jedoch alle Informationen über sie direkt oder indirekt von O'Brian kommen, welcher nur vorgespielt hat, ein Teil von ihr zu sein und auch Gold-

---

[139] Vgl. Marcuse, Herbert: "Repressive Toleranz". *Kritik der reinen Toleranz.* Robert Paul Wolff, Barrington Moore, Herbert Marcuse. Frankfurt: Suhrkamp, 1966: 127.

[140] Vgl. Brosch 106.

steins Buch mitverfasst hat (Vgl. 1984 S. 236), erfährt der Leser nicht, ob es eine Gegenbewegung wirklich gibt. Julia und Winston widersetzen sich den Regeln Big Brothers nur insoweit, dass sie thoughtcrime begehen, sie wenden keine Gewalt gegen den Staat Oceania oder gegen seine Organe an, sie brechen lediglich einige ihrer Regeln und Winston fantasiert von einer Welt nach dem Sturz Big Brothers (Vgl. 1984 S. 199). Doch das Widersetzen gegen die Macht eines anderen entspricht nicht einer Machtausübung gegen diesen. Sogar sich ihrer Verhaftung gewaltsam zu widersetzen war "unthinkable" (1984 S. 200). Somit gibt es keine Gegengewalt in "1984" in dem Sinne, lediglich eine Referenz in Form des Gerüchts der Brotherhood, über dessen Existenz keine Belege gibt. Das Fehlen einer Gegenbewegung und damit von echter Gegengewalt in "1984" und das gleichzeitige Verweisen auf eine hypothetische Existenz einer solchen dient dem Zweck, zu verdeutlichen, wie mächtig und perfekt das System von Oceania wirklich ist, da es der Thought Police gelingt, Widerstandsbewegungen bereits nieder zu schlagen, sobald sie erst gedacht werden. Oceania zeichnet sich also durch das distinkte Fehlen von Gegengewalt aus.

In Panem wiederum gibt es dafür umso mehr Gegengewalt. Es gibt viele Beispiele für Formen von Selbstverteidigung, vor allem in den Hunger Games. So lässt Katniss das tracker-jacker Nest auf die anderen Tribute fallen (Vgl. HG S. 223) oder schießt den Pfeil auf Cato (Vgl. HG S. 393). Katniss nennt es "acting on self defence" (MJ S. 74), da die Tribute gezwungen waren, einander zu töten, um nicht selbst zu sterben.

Der erste, bedeutsame Akt von Gegengewalt gegen das System findet sich am Ende des ersten Buches, als Katniss und Peeta sich den Regeln des Head Gamemasters Seneca Crane widersetzen und die giftigen Beeren essen wollen (Vgl. HG S. 403). Durch diese Tat wendet Katniss psychische Gewalt gegen den Head Gamemaster an, da sie ihn erpresst, entweder beide gewinnen zu lassen oder beide sterben zu sehen. Da dieser Akt der Gegengewalt erfolgreich ist und Crane nachgibt, was er später mit dem Leben bezahlt (Vgl. CF S. 23), sieht ganz Panem durch die Live-Übertragung, dass Katniss Gegengewalt angewendet hat und damit Erfolg hatte. Dies führt vermehrt zur Herausbildung verschiedener Formen von Gegengewalt, wie den "uprisings" in District 8 (Vgl. CF S. 24), die letztendlich zu einer Revolution führen. Der organisierte Widerstand wird für Katniss erst erkennbar, als sie – erneut ein "act of rebellion" (Vgl. CF S. 427) – mit Beetees' Konstruktion die Arena der 75. Hunger Games sprengt (Vgl. CF S. 425) und von den Rebellen gerettet wird (Vgl. CF S. 427). Gleichzeitig brechen in fast allen Distrkten Kämpfe, "a full-scale rebellion", aus und Katniss avanciert zum Symbol des Widerstands, zum "Mockingjay." (Vgl. CF S. 432) Der Widerstand wird von dem zerstört geglaubten District 13 geführt, das bereits aufgrund seines Besitzes von Atomwaffen seine Unabhängigkeit vom Capitol erklärt hatte und sich in einer Art Kalten Krieg mit dem Capitol befand (Vgl. MJ S. 19f). Technisch gesehen ist District 13 deshalb kein Teil von Panem, die Flüchtlinge aus District 12 erhalten unter anderem "citizenship" von District 13 (Vgl. MJ S. 9). Aufgrund dieser Tatsache handelt es sich bei der Rebellion eigentlich um die Invasion Panems durch District 13 und einen kriegerischen Akt. Dennoch machen natürlich Bürger Panems den Großteil der Widerstandskämpfer aus und verüben Akte von Gegengewalt. Unter diesen sind die propos, die auf gehackten Frequenzen von den Rebellen gesendet werden (Vgl. MJ S. 147), die Rettungsmission, um Peeta und die anderen vom Capitol gefangenen Tribute zu retten (Vgl. MJ S. 186), der Angriff auf die Mine "the nut" in District 2 (Vgl. MJ S. 230f), der Angriff auf das Capitol selbst (Vgl. MJ 317ff) und nicht zuletzt die Gefangennahme und Exekution Snows (Vgl. MJ S. 397).

Bei der Gegengewalt ist darüber hinaus die Protagonistin noch gesondert zu erwähnen. Katniss hat eine besonders starke Aversion gegen Fremdbestimmung. Jeder "power player" versucht sie für seine Zwecke einzuspannen, "to use [her] as a piece in [their] games" (MJ S. 66), doch Katniss widersetzt sich jeder einzelnen Fremdbestimmung, durchkreuzt jede Planung und bricht jede Regel, die aufgestellt wurde, um sie einzuschränken. So betritt sie bereits auf der dritten Seite des ersten Buches den Wald, um zu jagen, was illegal ist (Vgl. HG S. 5). Das ist nicht nur in ihrem Widerstand gegen das diktatorische Regime Panems ersichtlich, welches die Rebellion nicht nur katalysiert, sondern vermutlich auch erst möglich macht, sondern auch in ihrer Insubordination gegenüber Alma Coin und andere Autoritäten aus District 13. So ignoriert sie eine Wache, um in die Zelle ihres prep teams zu kommen (Vgl. MJ S. 52), sie missachtet ihre Befehle bei der Bombadierung von District 8 (Vgl. MJ S. 106) und bei der Infiltration des Capitols (Vgl. MJ S. 365) und sie tötet sogar President Coin bei der Exekution Snows (Vgl. MJ S. 418), was die direkteste, physische Form von Gegengewalt gegen die Autorität der Präsidentin darstellt. Tatsächlich ist es so, dass alle Personen, die Katniss kontrollieren und diese in "a weapon" umfunktionieren wollen (Vgl. MJ S. 127) deshalb letztendlich scheitern. Wie bereits in Punkt 3. 1. erwähnt ist der einzige, dessen Pläne aufgehen, Plutarch Heavensbee und das liegt daran, dass er nicht versucht, Katniss zu kontrollieren. Das bedeutet nicht, dass Katniss im Sinne Luhmanns mächtiger ist als Plutarch, nur dass Katniss stets versucht, sich Gewalt als Zwang zu widersetzen. Es ist wahr, dass Katniss

Macht hat: sie besitzt Geschick im Töten und kann somit sehr erfolgreich physische Gewalt anwenden. Darüber hinaus hat sie einen großen Einfluss auf die Bevölkerung von Panem, welche in ihr einen Hoffnungsträger und ein Vorbild für die Revolution sieht - "these people [are] modelling their behavour" nach Katniss (Vgl. MJ S. 159). Doch Katniss wird ständig fremdbestimmt, wie sich daran zeigt, dass sie erpresst und in bestehende Pläne, die sie involvieren, nicht eingeweiht wird. Letztlich gelingt es ihr einen Großteil des Einflusses anderer abzuschütteln, trägt jedoch die psychischen Folgen noch Jahre später mit sich herum ("nightmares" Vgl. MJ S. 438).

Gegengewalt wird textimmanent anders bewertet als Gewalt als Zwang oder die Staatsgewalt. Wie obig beschrieben, werden letztere moralisch negativ aufgeladen. Rein strukturell ergibt sich daraus, dass jede Ablehnung und jedes Widersetzen gegen diese moralisch verwerflichen Handlungen folglich moralisch gut sein muss. Und dies trifft sogar auf physische und psychische Gewalt zu, die andernorts abgelehnt wird. Hier wird man sich der "Kontextabhängigkeit der Wirkung von Gewaltdarstellungen"[141] gewahr. Während in den klassischen Dystopien die Widerstandsbewegungen zumindest die Hoffnung auf Gegengewalt ausdrücken, so setzt Hunger Games diese Hoffnung in die Tat um. Katniss kämpft gegen die anderen Tribute oder gegen Peacekeeper und bringt diese um. Die Protagonistin tötet sogar eine unschuldige Zivilistin des Capitols kaltblütig, als sie in ihr Haus eindringt (Vgl. MJ S. 354) und besitzt eine "all-consuming passion for Snow's death" (Vgl. MJ S. 363), trotzdem werden diese Morde beziehungsweise die Mordlust nicht als moralisch verwerflich wahrgenommen. Auch tötet Katniss in den Büchern unzählige Tiere, meistens zur Nahrungsmittelbeschaffung (Vgl. zB. MJ S. 60), welches ebenfalls moralisch nicht in Frage gestellt wird. Interessanterweise führen Gale und Katniss zu einem ganz besonderen Zeitpunkt ein Gespräch darüber, ob das Verschonen des prep teams moralisch gesehen nötig ist. Katniss argumentiert damit, dass sie "like children" seien und sie deutet an, dass es moralisch nicht richtig sei, diese zu verletzen, obwohl sie in die verwerflichen Hunger Games involviert waren. Sie impliziert dabei, dass die Unschuld als ethischer Schutz vor Gewaltanwendung wirkt. Sie sagt: " I guess I'm defending anyone who's treated like that". Gemeint ist damit physische Gewalt. Dieses Gespräch führen sie buchstäblich, während Gale die Tiere ausweidet, die sie zuvor getötet haben. (Vgl. MJ S. 60f)[142] Physische Gewalt

---

[141] Corbineau/Niklas 13.

[142] Vgl. dazu Joy, Melanie. *Why We Love Dogs, Eat Pigs, and Wear Cows: An Introduction to*

wird immer dann als moralisch einwandfrei präsentiert, wenn davon ausgegangen wird, dass dadurch größeres Leid verhindert wird. Leid wird also mit Leid aufgewogen. So wird der Mord der Zivilistin, ebenso wie Katniss' Plan, Snow umzubringen, kommentarlos zur Kenntnis genommen, da dies alles dem Zweck dient, Panem von der Diktatur zu befreien und somit mehr Gewalt als Zwang, auch als strukturelle Gewalt zu verhindern. Jedoch scheint das Prinzip, dass der Zweck die Mittel heiligt, seine Grenzen zu haben. Kinder des Capitols als "human shield" zu verwenden (Vgl. MJ S. 390) wird nicht direkt kritisiert, dass diese jedoch mit explodierenden parachutes angegriffen werden, wird verurteilt. Snow stellt fest, dass dieser Mord an den Kindern "snapped whatever frail allegiance my people still felt on me" (Vgl. MJ. S. 402), dass dieser Akt der Grausamkeit in keinster Weise moralisch gerechtfertigt werden kann. Er deutet an, dass dieser Akt aber nicht von ihm verübt wurde, was Gewalt des Staates gewesen wäre, sondern von President Coin. Katniss erkennt, dass alle Hinweise für diese Behauptung sprechen. Somit war der Mord an diesen Kindern Gegengewalt, da er mit dem Zweck durchgeführt wurde, Snows Herrschaft endgültig zu beenden. Doch da Snow behauptet, "I was just to issue an official surrender when they released the parachutes" (MJ S. 401), verliert diese Gegengewalt in Katniss Augen an Legitimation, welche die Tat bereits deswegen verurteilt, weil ihre Schwester dabei umkommt (Vgl. MJ S. 391). Im Gegenteil, der Akt der Gegengewalt wandelt sich in der Bewertung in einen Akt der Machtergreifung Coins; sie "sauntered in to take power" (MJ S. 406). Auch schlägt sie vor, mit den Kindern der Mächtigen des Capitols Hunger Games abzuhalten. Als Katniss klar wird, dass es keine moralisch zu rechtfertigende Gegengewalt darstellt, tötet sie Coin während der Hinrichtung Snows, welches damit zu einer Gegen-Gegengewalt wird. Damit übt das Buch Kritik an der Praktik, jede erdenkbare Form von physischer und psychischer Gewalt zu rechtfertigen, solange es nur als Gegengewalt präsentiert wird. Dies macht den Lesern klar, dass "in choosing their priority crimes, readers are made to uncomfortably realise that they are willing to tolerate others."[143] Diese Kritik an der Gutheißung von Gewalt gegen

---

Carnism. Newburyport: Conari Press, 2009. Joy analysiert darin die prädominate Ideologie des Karnismus, welche ermöglicht, in den untschiedlichsten Situationen Gewalt gegen nichtmenschliche Tiere zu rechtfertigen, bis diese Gewalt nicht mehr hinterfragt und auch nicht mehr als Gewallt erkannt wird.

[143] Brosch 104. Brosch bezieht sich hier auf Clockwork Orange, dies trifft jedoch auch auf Hunger Games zu. Clockwork Orange ist darüber hinaus im Gesamten als Kritik an Gegengewalt zu verstehen, laut Brosch.

Gewalt, welche wieder durch Gewalt dargestellt wird kann dadurch selbstverständlich keine "redemptive solution to the problem of violence"[144] bieten, lediglich einem kritischen Publikum den Denkanstoß zur Frage der Absolution von Gegengewalt liefern. Damit geht Hunger Games als moderne Dystopie einen Schritt weiter als die kanonischen Dystopien und entwickelt die Frage nach der richtigen Bewertung von Gewalt als Zwang weiter.

4. Fazit

Diese Weiterentwicklung der Frage nach moralischer Bewertung von Gewalt, die intertextuelle Vergangenheit und vor der Entstehung Panems und einer Zeit danach, das " faktische fiktionsinterne Rekurrieren auf Elemente, Tendenzen und Probleme der zeitgenössischen Gegenwart,"[145] das Variieren von tradierten Motiven und Themen, sowie das deutliche utopische Moment, wenn beispielsweise Plutarch davon spricht, dass Frieden vielleicht nach dem Sturz Panems "sticks" (MJ S. 426) und das Katniss die Hoffnung äußert "that life can be good again" (MJ S. 436), sind alles Charakteristika einer kritischen Dystopie. Somit lässt sich Hunger Games als solche einordnen. Um die erste der zu Anfang aufgestellten Fragen also zu beantworten, kann somit festgehalten werden, dass es einen Wandel in den Bewertungen der Gewaltdarstellungen in den literarischen Dystopien zwischen den kanonischen und den modernen Dystopien gibt. Hunger Games implementiert neben der "klassischen" Kritik an der physischen und psychischen Gewalt des Staates Kritik an modernen Auswüchsen der Staatsgewalt in Form der allgegenwärtigen Überwachung, welche durch die Aufdeckungen Edward Snowdens umso dramatischer der Öffentlichkeit bewusst wurden, und medialen Ausschlachtung und Ergötzung von Gewalt und Gewaltakten in den Medien, wie beispielsweise die Terrorakte vom 11. September 2001.[146] Doch die moderne Kritik an Gewalt in kritischen Dystopien geht über die bloße, kritische Darstellung von Gewaltakten hinaus und greift die moralischen Rechtfertigungen von Gewalt an. Bemerkenswert an heutigen Kriegen und Gewaltakten ist, dass Gewalt fast ausnahmslos als Gegengewalt repräsentiert wird. Die Terroranschläge al-Qaidas vom 11. September 2001 wurden von Osama bin Laden als Freiheitskampf gegen israelische und amerikanische Politik gegen Palestina ge-

---

[144] Ebd. 117.

[145] Layh 181.

[146] Vgl. Corbineau/Niklas 1.

rechtfertigt,[147] der Zweite Irakkrieg unter Präsident Bush Junior wurde u.a. als Kampf gegen den Terror gerechtfertigt[148] und damit als Gegengewalt. Die moderne Dystopie greift diese Praktik auf und verurteilt sie. Die Hunger Games des Staates Panem wurden auch als ein Akt der Gegengewalt präsentiert, als kleineres Übel im Angesicht vieler hypothetischer Toter in einer Rebellion, "in an attempt to avoid wasting life", da auch die Nachfolgeregierung Panems unter Coin die Ausrichtung von Hunger Games beschließt (Vgl. MJ S. 417), um Frieden herstellen zu können. Die Gegengewalt hat Anfang des 21. Jahrhunderts seine unangefochtene Legitimität eingebüßt, welche sie über ein halbes Jahrhundert zuvor, zur Entstehungszeit der meisten heute so genannten kanonischen Dystopien noch hatte. Die "Überzeichnung kommender Schrecken der Fehlentwicklungen der Gegenwart"[149] der Dystopien bleibt bis heute erhalten, doch was diese Fehlentwicklungen der Gegenwart sind, wandelt sich beständig. Die Gesellschaft hat also in gewisser Weise aus den Schreckensvorstellungen gelernt. Gerade Zitate und Motive aus Orwells Werk sind in die Populärkultur übergegangen, was man an Reality Shows wie "Big Brother" leicht erkennen kann. Der "humanist code"[150] der Ethik hat sich durchgesetzt. Im gleichen Jahr als Orwell "1984" verfasste, wurde die Allgemeine Erkärung der Menschenrechte ausgerufen. Dieses allgemeine Bewusstsein über die moralische Verwerflichkeit von Gewalt als Zwang hat dazu geführt, dass die meisten Staaten der westlichen Welt in Form von Demokratien organisiert sind, welche einen Staatsvertrag besitzen, welcher nicht auf Zwang basiert und seine Bürger in der Regel vor jeden Auswüchsen von Gewalt durch Zwang, auch durch den Staat selbst, schützt. Das ist auch der Grund, wieso in den meisten Ländern Angriffskriege verfassungs-

---

[147] Vgl. Swan, Robbyn; Summers, Anthony. *The Eleventh Day. The Full Story of 9/11 and Osama bin Laden.* New York: Ballantine Books, 2011: 277.

[148] Vgl. Bumiller, Elisabeth; Mitchell, Alison. Threats and responses: The Congressional Resolution; Bush strikes deal for house backing on action in Iraq. In: *The New York Times* (03.10.2002), URL: http://www.nytimes.com/2002/10/03/us/threats-responses-congressional-resolution-bush-strikes-deal-for-house-backing.html?scp=1&sq=Zarqawi%20Saddam&st=nyt&pagewanted=2 – Download vom 30.03.15.

[149] Schölderle 131.

[150] Jed 10.

rechtlich verboten sind und ein Staat lediglich zur Selbstverteidigung Krieg führen darf:[151] Weil nur Gegengewalt moralisch legitimierbar ist.

Was bedeutet diese veränderte, wenn nicht sogar weiterentwickelte Bewertung
der Gewaltdarstellungen in den Dystopien für unsere Gesellschaft? Wenn man
sich das intensive Wechselspiel zwischen Politik und Literatur[152] erinnert und
dass die Literatur, als reflektierender Teil der Kultur einer Gesellschaft funktioniert, bedeutet dies folglich, dass sich auch die Bewertung von außerfiktionaler
Gewalt in unserer Gesellschaft weiterentwickelt hat. Ob die Menschheit heute
gewalttätiger ist als "früher", wann auch immer "früher" sein mag, lässt sich
dadurch natürlich nicht beantworten. Es lässt sich lediglich feststellen, dass Gewalt als Zwang, auch wenn sie als Gegengewalt gerechtfertigt wird, kritischer
betrachtet wird als einst.

---

[151] Vgl. Das deutsche Grundgesetz §115.

[152] Vgl. Jed 35.

III. Der Triumph der humanistischen Tradition

Es mag vielleicht schwer vorstellbar sein, dass in einer Welt, in welcher Tod, Gewalt und Zerstörung kontinuierlich in journalistischen Medien behandelt wird, in welcher bereits Kinder in Form von "Killerspielen" virtuell auf brutale Art Menschenleben auslöschen können und somit aktiver Teil der Gewaltdarstellung werden, die Gewalt kritischer bewertet werden sollte als noch vor 100 Jahren. Doch das Naturrecht, das Walter Benjamin kritisiert, [153] das Recht des Stärkeren und Sozialdarwinismus, zusammen mit allen Formen der Diskriminierung, wie Rassismus, Sexismus, Heterosexismus, Ageismus, Lookismus, Speziesismus, Klassismus und alle anderen Formen, die Gewalt als Zwang gutheißen, befinden sich auf dem intellektuellen Rückzug. Die kritische Diskussion dieser Themen gewinnen in der politischen und gesellschaftlichen Diskussion immer weiter an Bedeutung.[154] Dieser Vormarsch des Humanismus ist ein Trend, der sich über die letzten Jahrhunderte immer deutlicher fortsetzt. "The desire of political freedom, [...], hatred of the tyrant, enthusiams for brutus, sallust,[155] study of the philosophers"[156] sind alles Merkmale der humanistischen Ideologie, welche "bookish" war und ist, das heißt eine Ideologie der Intellektuellen. Doch aus dieser "humanist literature" entspringen "humanist politics," wenn die Menschen beginnen, das hypothetische ideologische Gedankengut mit seinen textimmanenten Strukturen auf die Realität und deren Personen, Zustände und Institutionen zu übertragen.[157] Doch da eben jene humanistischen Intellektuellen diejenigen sind und waren, die die kulturstiftenden und Kultur bewertenden Zeugnisse der Menscheit verfassen, welche in diesem "humanist code" geschrieben sind, beginnt die Menschheit seine Vergangenheit und Gegenwart in diesem literarischen Code zu interpretieren und danach auch seine politischen Vorstellungen und Wünsche für die Zukunft zu formulieren, welches in noch mehr humanistisch wertender Literatur resultiert und die außerfiktionale Welt ganz allmählich durch die Taten und Handlungen der Menschen dem Ideal anpasst. Zuvor fiktional konstruierte Machtsysteme werden in die Realität über-

---

[153] Vgl. Walter Benjamin, Sprache und Geschichte - Philosophische Essays, hrsg. v. Rolf Tiedemann, Reclam, 1992: 105

[154] Vgl. Gray.

[155] Diese praktizierten als Tyrannenmörder die als moralisch gut angesehene Gegengewalt.

[156] Cantimori, zit. n. Jed 38.

[157] Vgl. Jed 40.

nommen und schaffen damit Tatsachen. Dies ist eine festzustellende Entwicklung, wie diese Arbeit an den Beispielen von literarischen Dystopien festhalten wollte. Darüber hinaus wäre eine ausführlichere Analyse einer breiteren Auswahl an Dystopien sicherlich lohnenswert gewesen und hätte die Ergebnisse dieser Arbeit bereichern können. Auch wäre eine intensive Untersuchung anderer literarischer Gattungen oder anderer Kunstrichtungen eine fruchtbare Ausweitung dieser Arbeit. Die Ergebnisse würden ein ganzheitlicheres Bild der gesamtgesellschaftlichen Bewertung von Gewaltdarstellungen liefern und einen umfassenderen Überblick über die geistesgeschichtliche Entwicklung der Menschheit schaffen. Abschließend bleibt festzuhalten, dass nicht anzunehmen ist, dass sich dieser Trend umkehrt. Daraus lässt sich folgern, dass die kritische Bewertung der Gewalt fortschreitet und intensiviert wird und Konsequenzen in der Realität zur Folge hat. Der Ausblick dieser Arbeit zielt nicht darauf ab, eine Aussage über die Quantität oder Qualität tatsächlichen Gewaltakte der Gegenwart zu fällen, sondern stattdessen einen kontinuierlichen Trend der Gewaltbewertungen festzustellen und die doch utopische Hoffnung zu äußern, dass die Welt vielleicht nie gewaltfrei sein wird, jedoch Fortschritte in Richtung eines "langen Friedens" macht, wie Steven Pinker und seine Kollegen ebenfalls festzustellen glauben.

Literaturverzeichnis

Primärliteratur

Collins, Suzanne. *The Hunger Games*. London: Scholastic, 2008.
  The Hunger Games: Catching Fire. London: Scholastic, 2009.
  The Hunger Games: Mockingjay. London: Scholastic, 2010.

Orwell, George. *1984*. London: Penguin Books, 2000.

Samjatin, Evgenji. *Wir*. Bremen: Leseklassiker, 2013.

Sekundärliteratur

Aischylos, "Orestes" *Tragödien und Fragmente (Sammlung tusculum)*. Hg. u. übers. v. Oscar Werner. 4. Auflage. Artemis Verlag: München, 1988.

Benjamin, Walter. *Sprache und Geschichte - Philosophische Essays. Hg.* v. Rolf Tiedemann. Stuttgart: Reclam, 1992.

Bohrer, Karl Heinz. *"Warum ist Gewalt ein ästhetisches Ausdrucksmittel?" Ästhetik und Gewalt. Physische Gewalt zwischen künstlerischer Darstellung und theoretischer Reflexion*. Hg, v, Christoph auf der Horst. Göttingen: Unipress Göttingen, 2013.

Booker, M. Keith. The Dystopian Impulse in Modern Literature: Ficiton as Social Critisism. Westport, CT: Greenwood Press, 1994.

Brosch, Renate. "Dystopian Violance: A Clockwork Orange". *Dystopia, Science Fiction, Post- Apocalyse*. Hg. v. Ansgar Nünning und Vera Nünning. Trier: Wissenschaftlicher Verlag Trier, 2015.

Corbineau-Hoffmann, Angelika; Niklas, Pascal. *Sprache der Gewalt – Gewalt der Sprache*. Hildesheim, Zürich, New York: Georg Olms Verlag, 2000.

Fricke, Gerhard; Göpfert, Herbert G. (Hg). *Schiller, Friedrich. Sämtliche Werke*. Bd. 5. München: Carl Hanser, 1975.

Fukuyama, Francis. *The End of History and the Last Man* [1992]. New York: Free Press, 2006.

Goldstein, Joshua. Winning the War on War: The Decline of Armed Conflict Worldwide. New York: Plume, 2012.

Hobbes, Thomas. Leviathan oder Stoff, Form und Gewalt eines kirchlichen und bürgerlichen Staates. Teil I und II, Rückblick und Schluß. Hg. v. Lothar R. Waas, übers. v. Walter Euchner.

Horkheimer, Max. *Die Utopie. Gesammelte Schriften, Bd 2: Philosophische Frühschriften 1922- 1932*. Hg. v. Alfred Schmidt und Gunzelin Schmid Noerr. Frankfurt/M.: Fischer, 1987.Berlin: Suhrkamp, 2011.

Horst, Christoph auf der. Ästhetik und Gewalt. Physische Gewalt zwischen künstlerischer Darstellung und theoretischer Reflexion. Göttingen: Unipress Göttingen, 2013.

Jed, Stephanie. "The scene of tyranny. Violence and the humanistic tradition." *The violence of Representation. Literature and the History of violence.* Hg. v. Nancy Armstrong and Leonard Tennenhouse. London: Routledge Chapman & Hall, 2013.

Jonas, Hans. *The Imperative of Responsibiltity.* Chicago: University of Chicago Press, 1979.

Joy, Melanie. Why We Love Dogs, Eat Pigs, and Wear Cows: An Introduction to Carnism. Newburyport: Conari Press, 2009.

Kant, Immanuel. *Kritik der praktischen Vernunft.* Hg. von Horst D. Brandt und Heiner F. Klemme. Hamburg: Meiner, 2003.
Kritik der Urteilskraft. Hamburg: Felix Meiner Verlag, 2006.

Layh, Susanna. Finstere neue Welten. Gattungsparadigmatische Transformationen der literarischen Utopie und Dystopie. Würzburg: Verlag Königshausen & Neumann, 2014.

Luhmann, Niklas. *Macht.* Stuttgart: Ferdinand Enke Verlag, 1975.Luhmann, Niklas. *Macht.* Stuttgart: Ferdinand Enke Verlag, 1975.

Marcuse, Herbert: "Repressive Toleranz". *Kritik der reinen Toleranz.* Robert Paul Wolff, Barrington Moore, Herbert Marcuse. Frankfurt: Suhrkamp, 1966.

Moylan, Tom. Demand the Impossible. Science Fiction and the utopian imagination. New York, London: Methuen, 1986.

Pinker. Steven. The Better Angels of Our Nature: A history of Violence and Humanity. London: Penguin Books, 2012.

Sargent, Lyman Tower. *In Defense of Utopia.* Diogenes 209 (2006): 11-17.

Schölderle, Thomas. *Geschichte der Utopie. Eine Einführung.* Köln, Weimar, Wien: Böhlau Verlag, 2012.

Seeber, Hans Ulrich. "Bemerkungen zum Begriff 'Gegenutopie'". *Die Selbstkritik der Utopie in der angloamerikanischen Literatur.* Münster: Lit-Verlag, 2003. 223-235.

Singer, Peter. *Animal Liberation.* New York: HarperCollins, 2009.

Stableford, Brian. *Encyclopedia of Science Fiction.* London: Routledge Chapman & Hall, 2014.

Sophokles. *König Ödipus.* Husum: Hamburger Lesehefte Verlag, 2010.

Swan, Robbyn; Summers, Anthony. *The Eleventh Day. The Full Story of 9/11 and Osama bin Laden.* New York: Ballantine Books, 2011.

Voigts, Eckart. "Introduction: They dystopian Imagination – An Overview". *Dystopia, Science Fiction, Post-Apocalyse.* Hg. v. Ansgar Nünning und Vera Nünning. Trier: Wissenschaftlicher Verlag Trier, 2015.

Internetartikel

Bumiller, Elisabeth; Mitchell, Alison. Threats and responses: The Congressional Resolution; Bush strikes deal for house backing on action in Iraq. In: The New York Times (03.10.2002), URL: http://www.nytimes.com/2002/10/03/us/threats-responses-congressional-resolution- bush-strikes-deal-for-house-backing.html?scp=1&sq=Zarqaw%20Saddam&st=nyt&pagewanted=2 – Download vom 30.03.15

Gray, John. Steven Pinker is wrong about violence and war. In: *The Guardian* (13.03.2015), URL: http://www.theguardian.com/books/2015/mar/13/john-gray-steven-pinker-wrong-violence- war-declining – Download vom 25.03.2015